FORT EN THÈME

ALLEMAND

Monique WILMET

Agrégée d'allemand
Professeur en classes préparatoires
au lycée Henri-IV (Paris)

Bréal

A mes amis Françoise Dablanc, Adelheid Gascuel, Frédérique Laugier, Jean Clédière et Frédéric Garnier.

ISBN : 2-842-91863-0

AVANT-PROPOS

Aux étudiants de premier cycle universitaire
(DEUG - LEA - Prépas)

Durant vos études secondaires, vous n'avez jamais eu à faire de traduction du français vers l'allemand. Vous allez apprendre, non à « décalquer » du français dans la langue étrangère, mais plutôt à « transposer ». Ou plus exactement, il va falloir vous mettre dans la peau d'un autre, qui ne pense ni ne réagit comme vous. Vous devrez également saisir des contextes avant de passer au texte proprement dit.

Dans ce volume ont été regroupés quatre-vingts thèmes traduits, de manière à ce que vous puissiez vous exercer progressivement, car c'est en forgeant...

Dans les vingt premiers textes, de difficulté graduée, vous commencerez par traduire en allemand avec des aides de lexique et de grammaire. A vous, bien sûr, de vérifier certains mots dans le dictionnaire et, dans un manuel de grammaire allemande, les conjugaisons de verbe, les rections, les temps de verbes irréguliers, etc. Chaque fois, la traduction proposée vous aidera à mettre vos révisions grammaticales en pratique.

Remarques

Nous avons adopté la nouvelle orthographe allemande.

Les verbes forts sont indiqués avec leur changement de voyelle.

Dans le ligne à ligne, les particules séparables sont signalées par la présence d'un trait d'union.

Les textes traduits sans annotation sont ensuite, à leur tour, sériés par ordre croissant de difficulté. Vous pouvez les faire dans l'ordre proposé. Commencez par les thèmes 20 à 40. Ils sont courts, font référence à des contextes variés et permettent de ne pas décourager les premiers efforts du traducteur débutant. De 40 à 60, vous trouverez un choix de textes donnés à différents concours de grandes écoles et correspondant tous au niveau DEUG.

Seuls les textes numérotés à partir de 60 présentent un niveau de difficulté légèrement supérieur, permettant aussi bien à des étudiants de Licence qu'à des étudiants de DEUG de se perfectionner.

Méthode recommandée :

1. Commencez toujours par étudier le contexte, en cherchant à expliciter toutes les données du texte à traduire, et en vous aidant éventuellement d'un livre de vocabulaire thématique.

2. Travaillez spontanément, en essayant de bien construire la phrase allemande. Cherchez toujours d'abord des solutions sans dictionnaire, même si vous craignez de vous détacher du texte. Le mot à mot ne passe pas toujours.

3. Une fois la traduction établie, vérifiez tous les mots difficiles dans un dictionnaire et surtout dans le dictionnaire allemand (Dictionnaires bilingues : Hachette-Langenscheidt ; Grappin chez Larousse ; Pons-Weismattutat chez Harrap's ; Dictionnaires unilingues : Universal-Duden et Wahrig).

4. Revoyez votre traduction en la confrontant avec la traduction proposée ici. Peut-être aurez-vous du reste trouvé des solutions aussi bonnes ou même meilleures ! Vérifiez toutes les formes verbales. Apprenez soigneusement le vocabulaire nouveau, mais seulement quand vous l'avez répéré dans son contexte.

Le thème se pratique à petites doses, très régulièrement. Vous devez l'étayer par des lectures allemandes de toutes sortes.

Pour apprendre à traduire en allemand, mettez-vous dans un « bain germanique », essayez de penser différemment, tout en explicitant les nuances de la langue française. Bon courage !

L'auteur

TABLE DES MATIÈRES

Deuxième partie - Thèmes traduits

Thèmes annotés et traduits

1 – Manfred von Ardenne

Pendant des années, c'est Manfred von Ardenne, le baron d'Allemagne de l'Est, qui a dirigé à Dresde un **institut de recherche** connu dans le monde entier. Avec ses cheveux blancs et son **visage finement dessiné**, il **rappelait** les aristocrates de l'ancien temps. Durant le vingtième siècle, il a été une figure illustre de la science en Allemagne de l'Est.

Ce « baron marxiste » naquit à Hambourg en 1907. **Dès son jeune âge**, il **s'adonna à** la science, **attachant de l'importance** à la réflexion et au travail personnel. Il montra toujours une **préférence pour** le travail en laboratoire et la recherche scientifique.

La **soif de savoir** et la **curiosité d'esprit** chez cet homme, qui jadis avait été en classe un fort mauvais élève, étaient **inextinguibles**. Enfant, il **installa** un **laboratoire** dans un **débarras** et c'est là que furent **bricolés** de nombreux appareils photos, des systèmes d'alarme et des postes de radio qu'il vendait ensuite à ses amis et à ses **voisins**.

Son laboratoire manqua plusieurs fois **prendre feu**, mais le jeune Manfred **parvint** à financer ses études et à **exaucer son rêve** : se consacrer à la science. Il **fit breveter** de nombreuses inventions, car son imagination n'avait pas de bornes. Il était un peu touche-à-tout, en tout cas sa personnalité **aux multiples facettes** compte parmi les grandes figures de son siècle.

Voilà l'exemple d'un garçon qui ne put devenir **bachelier**, mais qui rédigea environ six cents **traités** scientifiques et auquel ses **contemporains** et amis, très souvent des prix Nobel, ne **s'adressaient** qu'en disant : « Monsieur le Professeur ! »

Grammaire

La proposition relative simple

... dieses Manns, der einst ein schlechter Schüler gewesen war
... Alarmanlagen, die er dann an seine Freunde verkaufte
Dieser Junge, der kein Abiturient werden konnte
und den seine Zeitgenossen mit „Herr Professor" anredeten

La déclinaison du masculin faible

Der Aristokrat, mais *Aristokraten* à tous les autres cas du singulier et à tous ceux du pluriel
Der Nachbar (-n,-n), der Abiturient (-en,-en), der Zeitgenosse (-n,-n)

Emploi factitif du verbe *lassen*

Er ließ seine Erfindungen patentieren

L'attribut du sujet au nominatif

Er ist eine berühmte Figur der Wissenschaft
Er war einst ein sehr schlechter Schüler gewesen
Dieser Junge, der kein Abiturient werden konnte...

Lexique

Les études, les sciences

Ligne à ligne

L. 02 **l'institut de recherche :** das Forschungsinstitut (-e)

L. 03 **un visage finement dessiné :** ein fein geschnittenes Gesicht

L. 03 **rappeler qqc/qqn :** an etwas/jn (acc.) erinnern

L. 06 **dès son jeune âge :** von Kindesbeinen an/seit seiner (ihrer) Kindheit

L. 07 **s'adonner à, se consacrer à :** sich widmen + dat.

L. 07 **attacher de l'importance à, accorder de la valeur à :** Wert auf + acc. legen

L. 08 **la préférence pour :** die Vorliebe für + acc.

L. 10 **la soif de savoir :** der Wissensdurst

L. 10 **la curiosité d'esprit :** die Neugierde, die Neugier

curieux, qui veut tout savoir : neugierig

L. 11 **inextinguible :** unstillbar

L. 11 **installer** (une pièce) **:** (ein Zimmer) ein-richten

L. 12 **le laboratoire :** das Labor (-s) od. (-e)/das Laboratorium (die Laboratorien)

L. 12 **le débarras :** die Abstellkammer (-n)

L. 12 **bricoler :** basteln

L. 14 **le voisin :** der Nachbar (-n,-n)

L. 15 **prendre feu, être incendié :** in Flammen auf-gehen (i, a ; ist aufgegangen)

L. 15 **il parvient à faire qqc :** ihm gelingt es, etwas zu tun (gelang, ist gelungen)

L. 16 **exaucer un rêve :** einen Traum erfüllen

L. 17 **faire breveter qqc :** etwas patentieren lassen

L. 18 **aux multiples facettes :** vielseitig

L. 20 **le bachelier :** der Abiturient (-en, -en)

L. 21 **le traité :** das Traktat (-e), die Abhandlung (-en)

L. 21 **le contemporain :** der Zeitgenosse (-n, -n)

L. 22 **s'adresser à qqn, aborder qqn :** jn an-reden, jn an-sprechen (i, a, o)

Traduction proposée

Manfred von Ardenne

Jahrelang hat Manfred von Ardenne, der ostdeutsche Baron, ein weltbekanntes Forschungsinstitut in Dresden geleitet. Mit seinem weißen Haar und seinem fein geschnittenen Gesicht erinnerte er an die Aristokraten der alten Zeit. Im 20. Jahrhundert war er eine berühmte Figur der ostdeutschen Wissenschaft.

Dieser „marxistische Baron" wurde 1907 in Hamburg geboren. Seit seiner Kindheit/von Kindesbeinen anwidmete er sich der Wissenschaft und legte viel Wert auf Nachdenken und persönliche Arbeit. Immer zeigte er eine Vorliebe für die Arbeit im Labor und die wissenschaftliche Forschung.

Der Wissensdurst und die Neugierde dieses Mannes, der einst in der Schule ein sehr schlechter Schüler gewesen war, waren unstillbar. Als Kind richtete er ein Laboratorium in einer Abstellkammer ein und dort wurden zahlreiche Fotoapparate, Alarmanlagen und Radiogeräte gebastelt, die er dann an seine Freunde und seine Nachbarn verkaufte.

Sein Labor wäre beinahe mehrmals in Flammen aufgegangen, jedoch gelang es dem jungen Manfred, sein Studium zu finanzieren und seinen Traum zu erfüllen : sich der Wissenschaft zu widmen. Er ließ zahlreiche Erfindungen patentieren, denn er hatte eine grenzenlose Phantasie. Er interessierte sich ein bisschen für alles, jedenfalls zählt seine vielseitige Persönlichkeit zu den großen Figuren seines Jahrhunderts.

Hier ist das Beispiel eines Jungen, der kein Abiturient werden konnte, der aber etwa 600 wissenschaftliche Traktate verfasste und den seine Zeitgenossen und Freunde, sehr oft Nobelpreisträger, nicht anders anredeten als mit „Herr Professor!"

Technique de traduction : notez les différences

En français	En allemand
1. **Pendant des années c'est Manfred v. A. qui a dirigé** **c'est qui** et la proposition relative servent de mise en relief	1. ***Jahrelang hat Manfred v. A. ... geleitet*** Pas de proposition relative en allemand **c'est qui** disparaît à la traduction
2. **Son laboratoire manqua prendre feu** Mode indicatif de manquer, faillir	2. ***Sein Labor wäre beinahe in Flammen aufgegangen*** = pour un peu, son laboratoire aurait pris feu Subjonctif II + *beinahe / fast*
3. **Le jeune Manfred parvint à financer** Tournure personnelle	3. ***Es gelang dem jungen Manfred,... zu finanzieren*** Tournure impersonnelle
4. **Il fit breveter de nombreuses inventions** Infinitif après le verbe factitif Il est suivi de son complément	4. ***Er ließ zahlreiche Erfindungen patentieren*** Infinitif à la fin de la phrase Il est précédé de son complément
5. Sa personnalité **aux multiples facettes**	5. En allemand un simple adjectif : ***vielseitig***

2 - Le retour de mon frère

Il y a dix ans que mon frère aîné vit à **l'étranger** – aux **Etats-Unis** – et depuis dix ans, il n'est pas revenu une seule fois en Europe. Il nous écrivit la semaine dernière pour nous annoncer son **retour**.

Naturellement, toute la famille était **en émoi** et décida de venir l'**attendre** à l'aéroport. Mon frère ne **se doutait** pas que son père, sa mère, sa sœur et ses deux jeunes frères viendraient le chercher. Avant d'**atterrir**, l'avion **resta** encore un instant **suspendu** en l'air, soudain il descendit et se mit à **rouler** sur la **piste d'atterrissage** en faisant beaucoup de bruit.

Nous ne parlions guère. Seuls mes deux jeunes frères **discutaient** des informations qu'ils avaient entendues la veille à la radio. Comme ils n'étaient pas d'accord, ils **changèrent de sujet** et commencèrent à s'intéresser à l'**énorme** appareil d'où **sortaient** à présent de nombreux passagers.

Beaucoup d'entre eux étaient des Français qui avaient seulement **séjourné** quelques semaines aux Etats-Unis et qui **rapportaient** des **souvenirs** que les **commerces** locaux **vendent** aux touristes étrangers. Il y avait aussi tout un groupe de Texans qui venaient visiter Paris et la France **en quelques jours**, – car pour les Américains, la France n'est qu'un tout petit pays ! Nous attendîmes une demi-heure.

Enfin, mon grand frère arriva et nous le trouvâmes tout à fait **inchangé**. Mais comme il avait à présent trente ans, il avait un air **mûr** et **résolu** qui nous **impressionna**. Il nous **annonça** qu'il venait de se marier et que sa femme, une jeune Américaine de vingt-deux ans, arriverait la semaine suivante. Nos deux jeunes frères furent enthousiasmés. Quant à moi, l'unique fille de la famille, j'avais hâte de faire la connaissance de ma **belle-sœur** et j'espérais qu'elle deviendrait mon amie. Mes parents faisaient une drôle de tête.

Grammaire

Compléments de temps

– Avec une préposition

Seit zehn Jahren ist er kein einziges Mal zurückgekommen.

– Sans préposition et à l'accusatif

Schon zehn Jahre lebt mein Bruder im Ausland.

Er schrieb uns letzte Woche.
Sie hatten sich dort nur ein paar Wochen aufgehalten.
Wir warteten eine halbe Stunde.

Le futur dans le passé

Mein Bruder ahnte nicht, dass wir ihn abholen würden.

Lexique

La famille et ses différents membres

Voyages et moyens de transport

Ligne à ligne

L. 01 **l'étranger, le pays étranger :** das Ausland

L. 01 **les Etats-Unis :** die Vereinigten Staaten, die USA (subst. pluriel)

L. 03 **le retour :** die Rückkehr ; revenir, retourner : zurück-kommen (a, o)/zurück-kehren

L. 04 **en émoi, excité :** aufgeregt

L. 04 **attendre qqn :** jn erwarten

L. 05 **se douter que... :** ahnen, dass...

L. 06 **atterrir :** landen (ist gelandet)

L. 07 **rester suspendu, planer :** schweben

L. 07 **rouler :** rollen

L. 07 **la piste d'atterrissage :** die Landebahn (-en)

L. 09 **discuter de, s'entretenir de :** sich über + acc. unterhalten (ä, ie, a)

L. 11 **changer de sujet :** das Thema wechseln

L. 11 **énorme :** ungeheuer, mais quand il se décline : die ungeheure Maschine

L. 12 **sortir :** heraus-kommen (a, o)

L. 13 **séjourner :** sich auf-halten (ä, ie, a)

L. 14 **rapporter :** mit-bringen (brachte...mit, hat mitgebracht)

L. 14 **le souvenir, l'objet-souvenir :** das Andenken (-)

L. 15 **les commerces** (= les magasins) : die Geschäfte ; le commerce : der Handel

L. 15 **vendre qqc à qqn :** etwas an jn verkaufen

L. 16 **en quelques jours,** en l'espace de qq jours : innerhalb von einigen Tagen

L. 19 **inchangé :** unverändert

L. 20 **mûr :** reif

L. 20 **résolu, décidé :** entschlossen

L. 21 **impressionner :** beeindrucken

L. 21 **annoncer :** mit-teilen

L. 24 **la belle-sœur :** die Schwägerin (-nen)

Traduction proposée

Die Rückkehr meines Bruders

Schon zehn Jahre lebt mein ältester Bruder im Ausland – in den Vereinigten Staaten – und seit zehn Jahren ist er kein einziges Mal nach Europa zurückgekommen. Er schrieb uns letzte Woche, um seine Rückkehr anzukündigen.

Natürlich war unsere Familie recht aufgeregt und beschloss, ihn am Flughafen zu erwarten. Mein Bruder ahnte nicht, daß sein Vater, seine Mutter, seine Schwester und seine zwei jüngeren Brüder ihn abholen würden. Bevor das Flugzeug landete, schwebte es noch einen Augenblick in der Luft, plötzlich flog es nach unten und rollte auf der Landebahn mit viel Lärm.

Wir sprachen kaum. Nur meine zwei jungen Brüder unterhielten sich über die Nachrichten, die sie am vorigen Tag im Radio gehört hatten. Da sie nicht miteinander einverstanden waren, wechselten sie das Thema und begannen, sich für die ungeheure Maschine zu interessieren, aus der nun viele Fluggäste herauskamen.

Viele von ihnen waren Franzosen, die sich nur einige Wochen in den Vereinigten Staaten aufgehalten hatten und Reiseandenken mitbrachten, die die lokalen/dortigen/Geschäfte an die ausländischen Touristen verkaufen. Auch kam eine ganze Gruppe von Texanern, um Paris und Frankreich innerhalb von ein paar Tagen zu besichtigen, – denn für die Amerikaner ist Frankreich nur ein ganz kleines Land! Wir warteten eine halbe Stunde.

Endlich kam mein großer Bruder und wir fanden ihn ganz unverändert. Da er aber dreißig Jahre alt war, hatte er ein reifes und entschlossenes Aussehen, das uns beeindruckte. Er teilte uns mit, dass er eben geheiratet hatte und seine Frau, eine junge zweiundzwanzigjährige Amerikanerin, in der nächsten Woche ankommen würde. Unsere zwei jungen Brüder waren begeistert. Was mich, die einzige Tochter der Familie, betrifft, hatte ich es eilig, meine Schwägerin kennen zu lernen, und ich hoffte, dass sie meine Freundin werden würde. Meine Eltern machten ein komisches Gesicht.

Technique de traduction : notez les différences

En français	En allemand
1. Ils visitent la France en quelques jours (= en l'espace de quelques jours)	1. *Sie besichtigen Frankreich innerhalb von einigen Tagen*
Ils visitent Paris en deux jours	*Sie besichtigen Paris binnen zwei Tagen (binnen +* dat.*)*
Dans quelques jours j'irai aux Etats-Unis	*In ein paar Tagen werde ich in die USA fliegen*
2. On raconte au présent ou au futur	
Elle vient demain/viendra demain	*Sie kommt morgen/sie wird morgen kommen*
Elle vient/viendra la semaine prochaine	*Sie kommt nächste Woche/wird nächste Woche kommen*
On raconte au passé	
Elle déclara qu'elle viendrait le lendemain	*Sie erklärte, dass sie am nächsten Tage/am folgenden Tag kommen würde*
Elle déclara qu'elle viendrait la semaine suivante	*Sie erklärte, dass sie in der nächsten/folgenden Woche kommen würde*
3. Le **souvenir** de mon enfance (dans ma mémoire)	3. *Die **Erinnerung** an meine Kindheit*
J'ai acheté à Paris un **souvenir de voyage** (objet)	*Ich habe in Paris ein **Reiseandenken** gekauft*
4. **Résolu** : participe passé de résoudre	4. ***Entschlossen*** participe II de *entschließen*
un garçon résolu/décidé	*ein entschlossener Junge*
on peut traduire *entschlossen* par décidé	
Il était fermement décidé à partir	*Er war fest entschlossen, fortzugehen*
	mais : *entschließen* ne veut pas dire décider
se résoudre à qqc	***sich zu* + dat. *entschließen*** *(o, o)*
Ils se résolurent à déménager	*Sie entschlossen sich zum Umzug*
Ils ne pouvaient pas s'y résoudre	*Sie konnten sich nicht dazu entschließen*
décider	***beschließen*** *(o, o)*
Il décida de partir	*Er beschloss, fortzugehen*

3 – Frédéric II, roi de Prusse

L'histoire nous a laissé de Frédéric II une image très **variée**. Certes, il fut le roi **fourbe** et **obstiné** qui **enleva** à Marie-Thérèse la riche province de **Silésie** pour **agrandir** son propre **royaume**. Nous le connaissons aussi comme **souverain** sévère et **« éclairé »** qui sut **développer** l'économie de son pays, **tenant fermement entre ses mains la direction de l'Etat.**

Mais il fut aussi un ami des arts et il **aimait s'entourer d'**artistes, d'écrivains et de philosophes. Lui-même composait des **œuvres** musicales et écrivait des poèmes, souvent en français. Il fut **surtout** un homme **d'esprit** qui aimait les **mots drôles** et **jouait** volontiers **des tours** à ses **domestiques** pour tester leur sens du devoir.

Un jour, Frédéric II ayant appelé un domestique et ne voyant arriver personne, **s'aventura hors** de ses **appartements**. Il finit par trouver une **sentinelle** dans le petit **vestibule**.

– « Va me chercher mon domestique », lui **ordonna** Frédéric.

– « Sire, je n'ai pas le droit de quitter mon poste », répliqua la sentinelle.

– « Même si c'est ton roi qui te l'ordonne ? »

– « Non. Mais la seule solution, Sire, c'est que vous me **remplaciez** pour un moment, j'irai alors chercher votre domestique ».

Se tenant au garde-à-vous, il **tendit** son fusil au roi. Frédéric le prit, mit l'arme sur l'épaule et **fit les cent pas**, **comme il se devait**, tandis que la sentinelle se hâtait de quérir le valet de chambre. Il eut tôt fait de le ramener et reprit son fusil des mains du roi.

Ce dernier lui fit ce compliment : « Tu es **un bon soldat**, qui **s'entend à son métier** », lui dit-il en tirant sa bourse et lui faisant cadeau d'un **ducat**.

Grammaire

L'infinitif avec ou sans *zu*

Er wusste die Wirtschaft seines Landes auszubauen.
Ich darf meinen Posten nicht verlassen.
Er fand eine Wache im Vorzimmer stehen.

L'impératif

Geh und hol' mir meinen Diener!

L'emploi de *indem*

Er wusste die Wirtschaft seines Landes auszubauen, indem er die Führung des Staates fest in der Hand hielt.

Lexique

Le chef d'Etat, le gouvernement

Ligne à ligne

L. 01 **varié :** ici, vielseitig (cf. Thème 1 : aux multiples facettes)

L. 02 **fourbe :** hinterlistig

L. 02 **obstiné :** hartnäckig

L. 02 **enlever**, ici = **conquérir :** erobern

L. 02 **la Silésie :** Schlesien

L. 03 **agrandir :** vergrößern

L. 03 **le royaume :** das Königreich (-e)

L. 03 **le souverain éclairé :** der aufgeklärte Herrscher ; les « Lumières » : die Aufklärung

L. 04 **développer, étendre, réaliser l'expansion de :** aus-bauen

L. 04 **tenir fermement entre ses mains :** fest in der Hand halten (ä, ie, a)

L. 05 **la direction de l'Etat :** die Führung des Staates

L. 06 **aimait s'entourer d'artistes :** hatte gern Künstler um sich

L. 07 **l'œuvre :** das Werk (-e)

L. 08 **surtout :** nicht zuletzt

L. 08 **d'esprit, spirituel :** geistreich

L. 08 **le mot drôle, le trait d'esprit :** der Witz (-e)

L. 09 **jouer un tour à qqn :** jm einen Streich spielen ; der Streich (-e)

L. 09 **le domestique, le serviteur :** der Diener (-)

L. 12 **s'aventurer hors de :** sich heraus-wagen

L. 12 **les appartements :** das Gemach, pl. die Gemächer (arch.)

L. 12 **la sentinelle :** die Wache (-n)/monter la garde : Wache stehen (a, a)

L. 13 **le vestibule :** das Vorzimmer (-)

L. 14 **ordonner qqc à qqn :** jm etwas befehlen (ie, a, o)

L. 17 **remplacer, relayer :** ab-lösen

L. 19 **se tenir, être au garde-à-vous :** in strammer Haltung stehen (a, a)

L. 19 **tendre, remettre le fusil :** das Gewehr übergeben (i, a, e)

L. 20 **faire les cent pas :** auf und ab gehen (i, a)

L. 20 **comme il se doit :** wie es sich gehört

L. 23 **un bon soldat :** ein tüchtiger Soldat

L. 23 **s'entendre à son métier :** seinen Dienst verstehen (a, a)

L. 23 **le ducat :** der Dukat (-en, -en)

Traduction proposée

Friedrich II., König von Preußen

Die Geschichte hat uns von Friedrich II. ein vielseitiges Bild hinterlassen.Wohl war er der hinterlistige und hartnäckige König, der von Maria-Theresia die reiche Provinz Schlesien eroberte, um sein eigenes Reich zu vergrößern.Wir kennen ihn auch als strengen und aufgeklärten Herrscher, der die Wirtschaft seines Landes auszubauen wusste, indem er die Führung seines Staates fest in der Hand hielt.

Aber er war auch ein Freund der Künste und hatte gern Künstler, Schriftsteller und Philosophen um sich. Er selbst komponierte musikalische Werke und schrieb Gedichte, oft auf französisch. Nicht zuletzt war er ein geistreicher Mann, der Witze liebte und seinen Dienern gerne Streiche spielte, um ihre Zuverlässigkeit zu testen.

Eines Tages hatte Friedrich einen Diener gerufen, der aber nicht kam, und so wagte er sich aus seinen Gemächern heraus. Endlich fand er eine Wache im kleinen Vorzimmer stehen : „Geh und hol' mir meinen Diener!" befahl ihm Friedrich.

- „Majestät, ich darf meinen Posten nicht verlassen", erwiderte die Wache.

- „Auch dann nicht, wenn dein König es dir befiehlt?"

- „Nein, Majestät, die einzige Lösung wäre, dass Ihr mich für eine Weile ablöst, ich werde Euren Diener dann holen."

In strammer Haltung übergab er dem König das Gewehr. Friedrich nahm es, schulterte es und ging auf und ab, wie es sich gehörte, während die Wache davoneilte, um den Kammerdiener zu holen. Er brachte ihn auch bald und empfing vom König sein Gewehr zurück.

Letzterer machte ihm dieses Kompliment: „Du bist ein tüchtiger Soldat, der seinen Dienst versteht," sagte er, indem er seine Börse zog und ihm einen Dukaten schenkte.

Technique de traduction : notez les différences

En français	En allemand
1. **La province de Silésie** **La ville de Potsdam** Usage de la préposition de	1. ***Die Provinz Schlesien*** ***Die Stadt Potsdam*** Juxtaposition des deux mots
2. Nous le connaissons comme souverain Fr. II monarque et Fr. II serviteur de l'Etat Il arriva déguisé en soldat	2. *Wir kennen ihn **als** Herrscher* *Friedrich II. **als** Monarch und Friedrich II. **als** Diener des Staats* *Er kam **als** Soldat verkleidet*
Als correspond en français à **comme, en guise de, en** ou bien il ne se traduit pas	sa traduction littérale = **en tant que**
3. **Il jouait des tours à ses domestiques** Le complément d'objet se place d'abord	3. ***Er spielte seinen Dienern Streiche*** Le complément d'objet vient après le complément au dat.
4. **oser** oser sortir, mettre le nez dehors	4. ***wagen*** *sich heraus-wagen*
5. **Va me chercher mon domestique !** Il ira la chercher à la gare	5. ***Hol' mir meinen Diener!*** *Er wird sie am Bahnhof abholen*
6. **Ce dernier** **Le premier**	6. ***Letzterer*** : celui dont on vient de parler en dernier ***Ersterer*** : le premier, l'autre personnage, celui dont il a été question plus haut

4 – Le débutant

Ce garçon de vingt-cinq ans **s'est porté candidat** pour un poste d'ingénieur dans une firme renommée. Le **directeur des ressources humaines** le **reçoit** aimablement. Il prend sur son bureau la lettre de **candidature** du jeune homme qui est assis bien timidement sur son siège et qui ose à peine parler.

Le directeur **se renseigne sur** ses diplômes, sa **situation de famille**. Il ne **se borne** pas **à** lui poser des questions **concernant** ses antécédents professionnels, il lui demande aussi ce qui l'a **poussé à** se présenter comme candidat dans la firme X.

Est-il ambitieux ? Veut-il faire carrière ? Fait-il preuve d'**initiative**, de **curiosité**, de **persévérance** ? Veut-il gagner beaucoup d'argent ? Surtout qu'il n'aille pas changer d'emploi au bout de trois mois ! Après en avoir choisi un, il doit s'y tenir au moins trois ans, même s'il s'aperçoit que le travail ne **correspond** pas **à l'idée** qu'il s'en faisait. L'expérience acquise pendant ces trois ans ne lui **nuira** pas, bien au contraire, elle lui **sera utile**. Le directeur des ressources humaines lui **conseille de** travailler **avec zèle** s'il obtient l'emploi pour lequel il a postulé.

Des débutants avisés ont parfois eu l'occasion d'interroger un conseiller du personnel et de lui demander s'ils ne **faisaient** pas **fausse route**. Il a répondu qu'une erreur était **pardonnable** et même compréhensible chez un débutant. Mais si ce dernier **abandonne** son premier emploi, il n'est pas dit qu'il trouvera tout de suite après le « job » de ses rêves. Il doit donc **se concentrer sur** son travail pour devenir quelqu'un **sur qui on puisse compter** et éviter de **papillonner** !

Grammaire

Rection du verbe

Der Junge hat sich um eine Stelle beworben
Der Direktor erkundigt sich nach seinem Alter
Er beschränkt sich nicht darauf, ...
Er muss sich auf seine Arbeit konzentrieren

Les verbes se construisant avec le datif

Es wird ihm nicht schaden
Er rät ihm, eifrig zu arbeiten

L'interrogation directe

Ist er ehrgeizig ? Will er Karriere machen ?

L'interrogation indirecte

Er fragt ihn, was ihn dazu bewogen hat, ...

Le discours indirect

Der Berater antwortete, dass ein Fehler verständlich sei

La proposition participiale épithète

Die während dieser drei Jahre gewonnene Erfahrung

Lexique

Candidature à l'emploi

Le monde du travail

Ligne à ligne

L. 01 **se porter candidat, postuler pour :** sich um + acc. bewerben (i, a, o)

L. 02 **le directeur des ressources humaines :** der Personalchef (-s)

L. 02 **recevoir :** empfangen (ä, ie, a)

L. 03 **la candidature :** die Bewerbung (-en)

L. 05 **se renseigner sur :** sich nach + dat. erkundigen

L. 05 **la situation de famille :** der Familienstand

L. 06 **se borner à :** sich auf + acc. beschränken

L. 06 **concerner :** betreffen (i, a, o)

L. 07 **pousser, inciter qqn à :** jn zu + dat. bewegen (o, o)

L. 09 **l'initiative, l'esprit d'entreprise :** der Unternehmungsgeist
die Unternehmung : ce que l'on entreprend (à distinguer de das Unternehmen : l'entreprise, la société, la firme)

L. 09 **la curiosité :** die Neugierde

L. 10 **la persévérance :** die Ausdauer

L. 12 **correspondre à :** entsprechen + dat. (i, a, o)

L. 12 **l'idée qu'on se fait de qqc :** die Vorstellung (-en)

L. 13 **nuire à qqn :** jm schaden

L. 14 **être utile à qqn :** jm nützen/nutzen

L. 15 **conseiller à qqn de faire qqc :** jm raten (ä, ie, a), etwas zu tun

L. 15 **avec zèle :** eifrig/**le zèle :** der Eifer

L. 17 **faire fausse route :** einen falschen Weg ein-schlagen (ä, u, a)

L. 18 **pardonnable :** verzeihlich/**pardonner :** verzeihen (ie, ie)

L. 19 **abandonner, laisser tomber :** auf-geben (i, a, e)

L. 20 **se concentrer sur :** sich auf + acc. konzentrieren

L. 21 **sur qui on puisse compter, fiable :** zuverlässig

L. 21 **papillonner :** ein Jobhopper (-) werden

Traduction proposée

Der Anfänger/Der Berufsanfänger

Dieser fünfundzwanzigjährige Junge hat sich um eine Stelle als Ingenieur in einer berühmten Firma beworben. Der Personalchef empfängt ihn freundlich. Von seinem Schreibtisch nimmt er das Bewerbungsschreiben des jungen Mannes, der recht schüchtern auf seinem Stuhl sitzt und kaum zu sprechen wagt.

Der Personalchef erkundigt sich nach seinen Diplomen, seinem Familienstand, er beschränkt sich nicht darauf, ihm Fragen zu stellen, die seine vorherigen beruflichen Tätigkeiten betreffen, er fragt ihn auch, was ihn dazu bewogen hat, sich als Bewerber/als Kandidat in der Firma X vorzustellen.

Ist er ehrgeizig? Will er Karriere machen? Zeigt er Unternehmungsgeist, Neugierde und Ausdauer? Will er viel Geld verdienen? Vor allem sollte er nicht schon nach drei Monaten die Stelle wechseln! Nachdem er eine bestimmte Stelle gewählt hat, muss er wenigstens drei Jahre aushalten, selbst wenn er merkt, dass die Arbeit seinen Vorstellungen nicht entspricht. Die während dieser drei Jahre gewonnene Erfahrung wird ihm nicht schaden, im Gegenteil, sie wird ihm nutzen. Der Personalchef rät ihm, eifrig zu arbeiten, wenn er die Stelle bekommt, um die er sich beworben hat.

Kluge Anfänger haben manchmal die Gelegenheit gehabt, einen Personalberater zu fragen, ob sie nicht den falschen Weg eingeschlagen hätten. Er antwortete, dass ein Fehler bei einem Anfänger verzeihlich und sogar verständlich sei. Aber wenn dieser seine erste Stelle aufgibt, wird er danach nicht automatisch den Traumjob finden. Er muss sich also auf seine Arbeit konzentrieren, um ein zuverlässiger Mann zu werden, und kein Jobhopper!

Technique de traduction : notez les différences

En français	En allemand
1. **Le garçon de vingt-cinq ans** Pas d'adjectif – Le nombre cardinal est le complément du nom « garçon »	1. ***Der fünfundzwangzigjährige Junge*** / *der 25jährige Junge* Un adjectif épithète composé de « *-jährig* » et du nombre qui le précède, écrit en toutes lettres ou en chiffres
2. Rection du verbe	2. Rection du verbe
Il doit s'**y** tenir (= à cela) Il ose à peine **en** parler (= de cela) Qu'est-ce qui l'**y** a poussé ? (= à cela)	*Er muss sich* ***daran*** *halten* *Er wagt kaum* ***davon*** *zu sprechen* *Was hat ihn* ***dazu*** *bewogen ?*
Y et **en** sont des pronoms personnels neutres	***daran, davon, dazu*** sont des formes contractées à partir de la préposition régie par le verbe et le pronom neutre ***das***
3. pardonnable compréhensible aimable nuisible	3. *verzeihlich* *verständlich* *freundlich* *schädlich*
Notez les suffixes et leur valeur	

5 - Adam Opel

Adam Opel, dont le père était maître **serrurier** et s'était établi à Rüsselsheim près de Francfort sur le Main, commença par **entrer en apprentissage** chez son père afin de devenir mécanicien. Après avoir travaillé quelques années dans l'**atelier** paternel, ce jeune homme de vingt ans souhaita devenir **indépendant**.

Il décida de **partir à l'aventure** et **se rendit** à Paris, capitale dont il avait beaucoup entendu parler et dont il voulait absolument découvrir les **curiosités**. Après avoir été contraint de passer de nombreuses nuits sous les ponts de la Seine, il trouva une **place de garçon boulanger** et put ainsi gagner sa vie. Il **fut** enfin **embauché** par un mécanicien dont la fabrique de **machines à coudre** le fascinait depuis longtemps. Il avait en outre de grands projets pour l'avenir.

Après **avoir appris le métier**, Adam Opel décida de **revenir au pays** pour y **créer** lui-même aussi une fabrique de machines à coudre. Comme son père **s'opposait** violemment à ses projets, Adam se mit à travailler **secrètement**, la nuit, dans une vieille **étable** que son oncle lui **avait prêtée**.

Lorsque la première machine à coudre fut **prête à être livrée**, Adam la chargea sur une brouette, puis sur le bac qui devait le **transporter** sur l'autre rive du Main. Arrivé sur l'autre rive, il **fut attaqué** par des concurrents jaloux qui lui lancèrent des pierres, de sorte que la splendide machine **fut brisée**.

Mais comme il était **obstiné** et **ambitieux**, il **persista dans son dessein** et inaugura au printemps 1868 une usine de deux étages **à proximité de** la gare de Rüsselsheim. Rien de comparable avec l'ancienne étable.

Par la suite, Opel fabriqua des cycles, et en 1898, sa première voiture. Non, on n'**arrête** pas le progrès !

Grammaire

Le pronom relatif – Traduction de « dont »

Adam Opel, dessen Vater Schlossermeister war
Die Hauptstadt Paris, von der er viel gehört hatte
und deren Sehenswürdigkeiten er entdecken wollte
... von einem Mechaniker, dessen Nähmaschinenfabrik ihn schon lange faszinierte

La subordonnée introduite par *nachdem*

Nachdem er ein paar Jahre in der väterlichen Werkstatt gearbeitet hatte, ...

Le complément de durée à l'accusatif sans préposition

ein paar jahre, ein paar Jahre lang – viele Nächte lang

Le double infinitif dans la subordonnée

Nachdem er viele Nächte unter den Brücken der Seine hatte verbringen müssen, ...

La proposition participiale en apposition

Auf dem anderen Ufer angekommen, wurde er...

Lexique

Apprentissage et métier

Ligne à ligne

L. 01 **le serrurier :** der Schlosser/**le maître serrurier :** der Schlossermeister (–)

L. 02 **entrer en apprentissage chez qqn :** bei jm in die Lehre treten (i, a, e ; ist getreten)

L. 03 **l'atelier :** die Werkstatt ("en)

L. 04 **indépendant, autonome :** selbstständig

L. 05 **partir à l'aventure :** auf Abenteuer gehen (i,a)

L. 05 **se rendre à :** sich begeben (i, a, e) (wohin ? nach Frankreich, in die Niederlande)

L. 06 **la curiosité,** la chose digne d'être vue : die Sehenswürdigkeit (-en)

L. 08 **une place de garçon boulanger :** eine Stelle als Bäckerjunge

L. 09 **embaucher qqn :** jn ein-stellen

L. 09 **la machine à coudre :** die Nähmaschine/**coudre :** nähen

L. 11 **apprendre le métier :** das Handwerk erlernen

L. 11 **revenir au pays :** in die Heimat zurück-kehren (ist zurückgekehrt)

L. 12 **créer, fonder :** gründen

L. 12 **s'opposer à :** sich + dat. widersetzen

L. 13 **secrètement :** heimlich

L. 14 **l'étable :** der Viehstall ("e)

L. 14 **prêter qqc à qqn :** jm etwas leihen (ie, ie)

L. 15 **prêt à être livré**, livrable : lieferbar/**livrer**, fournir : liefern

L. 16 **transporter**, passer qqn (d'une rive à l'autre) : jn über-setzen

L. 17 **attaquer qqn par surprise**, assaillir qqn : jn überfallen (ä, ie, a)

L. 18 **être brisé, se casser :** in die Brüche gehen (i, a)

L. 19 **obstiné**, têtu : hartnäckig/**l'obstination :** die Hartnäckigkeit

L. 19 **ambitieux :** ehrgeizig/**l'ambition :** der Ehrgeiz

L. 19 **persister dans son dessein**, dans son projet : auf seinem Vorhaben bestehen (a, a)

L. 20 **à proximité de**, dans le voisinage de : in der Nähe von + dat., unweit von + dat.

L. 23 **arrêter**, retarder : auf-halten (ä, ie, a)

Traduction proposée

Adam Opel

Adam Opel, dessen Vater Schlossermeister war und sich in Rüsselsheim in der Nähe von Frankfurt am Main niedergelassen hatte, trat zuerst bei seinem Vater in die Lehre, um Mechaniker zu werden. Nachdem er ein paar Jahre in der väterlichen Werkstatt gearbeitet hatte, wünschte dieser zwanzigjährige junge Mann selbstständig zu werden.

Er beschloss, auf Abenteuer zu gehen, und begab sich nach Paris, der Hauptstadt, von der er viel gehört hatte und deren Sehenswürdigkeiten er unbedingt entdecken wollte. Nachdem er viele Nächte unter den Brücken der Seine hatte verbringen müssen, fand er eine Stelle als Bäckerjunge und konnte so seinen Lebensunterhalt verdienen. Endlich wurde er von einem Mechaniker eingestellt, dessen Nähmaschinenfabrik ihn schon lange faszinierte. Außerdem hatte er große Pläne für die Zukunft.

Nachdem er das Handwerk erlernt hatte, beschloss Adam Opel, in seine Heimat zurückzukehren, um dort auch selbst eine Nähmaschinenfabrik zu gründen. Da sein Vater sich dem Vorhaben seines Sohnes heftig widersetzte, begann Adam nachts heimlich in einem alten Kuhstall zu arbeiten, den sein Onkel ihm geliehen hatte.

Als die erste Nähmaschine lieferbar war, lud sie Adam auf eine Schubkarre, dann auf die Fähre, die ihn aufs andere Mainufer übersetzen sollte. Auf dem anderen Ufer angekommen, wurde er von neidischen Konkurrenten überfallen, die ihn mit Steinen bewarfen, so dass die prächtige Maschine in die Brüche ging.

Da er aber hartnäckig und ehrgeizig war, bestand er auf seinem Vorhaben und eröffnete im Frühling 1868 eine zweistöckige Fabrik in der Nähe des Bahnhofs von Rüsselsheim. Nichts Vergleichbares mit dem alten Kuhstall.

Später stellte Opel Fahrräder her, und 1898 seinen ersten Wagen. Nein, der Fortschritt ist nicht aufzuhalten!

Technique de traduction : notez les différences

En français	En allemand
1. Il **commença par entrer** en apprentissage Le français utilise ici un verbe	1. *Er* ***trat zuerst*** (= d'abord) *in die Lehre* L'allemand utilise ici un adverbe
2. **Une place de garçon boulanger** Préposition de : complément de nom	2. ***Eine Stelle <u>als</u> Bäckerjunge*** = une place <u>en tant que</u> garçon boulanger
3. **Après avoir travaillé** Infinitif passé, pas de sujet exprimé	3. ***Nachdem er gearbeitet hatte*** Sujet exprimé + verbe conjugué
4. persister dans consister en se composer de Trois verbes différents	4. *auf* + dat. ***bestehen*** *(a, a)* *in* + dat. *bestehen* *aus* + dat. *bestehen* Un même verbe avec différentes prépositions
5. **Ils lui lancèrent des pierres** Lancer des pierres Lancer des pierres à qqn	5. ***Sie bewarfen ihn mit Steinen*** *Steine werfen* *Jemanden mit Steinen bewerfen* ***werfen*** a pour COD l'objet lancé ***bewerfen*** a pour COD la personne attaquée par des jets de pierre
A rapprocher (pour la construction) de Lapider qqn	*Jemanden steinigen*

6 – La vie des citadins

On **rencontre** très souvent aujourd'hui des problèmes de logement, particulièrement dans les grandes villes. Bien sûr, **tout dépend si** l'on vit seul ou si l'on a une **petite famille** ou une **famille nombreuse**. Doit-on **se contenter** d'un **studio** ou d'un petit deux-pièces dans le centre-ville ou vaut-il mieux louer un appartement spacieux et aéré au dixième étage d'un gigantesque **immeuble**, où l'on ne connaît personne ?

Dans une **résidence moderne**, la vie **conviviale** est presque impossible et ce, malgré le nouveau « centre de communication », une **salle de réception** qui est accessible à tous les habitants de l'immeuble. **Par-dessus le marché**, le loyer (chauffage non compris) est **inabordable**, de sorte que beaucoup d'habitants de grandes villes finissent par se résoudre à acheter un **appartement** pour éviter de tels problèmes.

Une tour à la périphérie de la ville, une **cité ouvrière** ou un HLM sont moins attrayants qu'un **pavillon** en banlieue avec jardin et garage. Mais dans ce cas la ménagère ne peut pas non plus savourer la vie « à la campagne » parce qu'elle est obligée, pendant la semaine, de **faire la navette** entre la banlieue et son bureau du centre-ville et, le week-end, de faire le ménage à fond. **Ces gens qui font la navette** mènent une vie **stressante** qui leur devient bientôt insupportable.

Enfant, **j'ai connu** une vieille cité ouvrière qui avait l'air démodé parce qu'elle avait été construite il y a cent trente ans par l'un des premiers grands **industriels** allemands. Des deux **côtés de la rue** se dressaient des pavillons individuels ou abritant deux familles, et comportant de jolis **petits jardins ouvriers**.

Devant chaque maison il y avait un banc. Sur les bancs étaient assis de vieux grands pères et de jeunes mères. Dans la rue, qui était réservée aux piétons, les enfants couraient et **se dépensaient**. Les femmes bavardaient, **jeunes et vieux** faisaient la conversation en toute liberté. C'est cet endroit qu'on aurait pu **qualifier** d'authentique centre de communication !

Grammaire

Le nom composé

das Ein- oder Zweifamilienhaus
die Klein- und die Großfamilie

die Kaltmiete
die Großstadt

Les verbes de position et le complément de lieu (locatif)

Vor jedem Haus stand eine Bank.
Auf den Bänken saßen alte Großväter.
Auf beiden Straßenseiten standen Ein- oder Zweifamilienhäuser.

Lexique

Le citadin et son mode d'habitation

La vie de famille

Ligne à ligne

L. 01 **rencontrer**, avoir (des problèmes) : erleben (signifie aussi : connaître ou vivre qqc, assister à, voir, ressentir, faire l'expérience de) cf. L. 20

L. 02 **tout dépend si... :** alles kommt darauf an, ob.../**dépendre de :** auf + acc. an-kommen (a, o)

L. 03 **la petite famille**, la famille restreinte, réduite (sans enfant ou avec un enfant au maximum) : die Kleinfamilie (-n)

L. 03 **la famille nombreuse** (à partir de deux enfants) : die Großfamilie (-n)

L. 03 **se contenter de :** sich mit +dat. zufrieden geben (i, a, e)/sich mit + dat. begnügen

L. 04 **le studio :** das Studio (-s), die Einzimmerwohnung (-en)

L. 05 **l'immeuble**, le grand ensemble d'habitations : der Wohnkomplex (-e) ; der Wohnblock (-s)

L. 07 **la résidence moderne :** die Neubausiedlung (-en)

L. 07 **convivial :** gesellig

L. 08 **la salle de réception :** der Gesellschaftsraum ("e)/der Empfangssaal (-säle)

L. 09 **par-dessus le marché** = (il) s'ajoute le fait que... : hinzu kommt, dass...

L. 10 **inabordable :** unerschwinglich

L. 11 **l'appartement** (dont on est propriétaire) : die Eigentumswohnung (-en)

L. 13 **la tour à la périphérie de la ville :** das Hochhaus ("er) am Stadtrand

L. 13 **la cité, la résidence ouvrière :** die Arbeitersiedlung (-en)

L. 14 **le pavillon :** das Einfamilienhaus ("er)

L. 16 **faire la navette :** (hin und her) pendeln

L. 18 **celui qui fait la navette :** der Pendler (-)

L. 18 **stressant, trépidant :** hektisch

L. 21 **l'industriel :** der Industrielle/ein Industrieller
(adj. subst. voir Thèmes 11, 14, 15, 19 et 20)

L. 22 **le côté de la rue :** die Straßenseite (-n)

L. 23 **le petit jardin ouvrier :** der Schrebergarten (")

L. 26 **se dépenser physiquement, s'ébattre :** sich aus-toben

L. 26 **jeunes et vieux :** Jung und Alt (invariable, s'accorde le plus souvent avec un verbe au singulier)

L. 27 **qualifier de :** als ... bezeichnen

Traduction proposée

Das Leben der Städter

Wohnprobleme erlebt man heute sehr oft, besonders in Großstädten. Natürlich kommt alles darauf an, ob man alleinstehend ist oder ob man eine Klein- oder eine Großfamilie hat. Muss man sich mit einem Studio oder einer kleinen Zweizimmerwohnung in der Stadtmitte/im Zentrum zufriedengeben oder ist es besser, eine geräumige und luftige Wohnung im zehnten Stock eines riesengroßen Wohnkomplexes zu mieten, in dem man niemand kennt?

In einer Neubausiedlung ist das gesellige Leben fast unmöglich, und dies trotz des neuen „Kommunikationszentrums", eines Gesellschaftsraums/eines Empfangssaals, der allen Bewohnern des Wohnhauses zugänglich ist. Hinzu kommt, dass die Miete (schon allein/bloß die Kaltmiete) unerschwinglich ist, so dass viele Großstadtbewohner sich schließlich zum Kauf einer Eigentumswohnung entschließen, um solche Probleme zu vermeiden.

Ein Hochhaus am Stadtrand, eine Arbeitersiedlung oder eine Sozialwohnung sind weniger attraktiv als ein Einfamilienhaus in der Vorstadt mit Garten und Garage. In diesem Fall aber kann die Hausfrau das Leben „auf dem Land" auch nicht genießen, weil sie in der Woche zwischen ihrem Haus und dem Büro im Stadtkern hin- und herpendeln und am Wochende das Haus gründlich putzen muss. Diese Pendler führen ein hektisches Leben, das ihnen bald unerträglich wird.

Als Kind habe ich eine alte Arbeitersiedlung erlebt, die altmodisch aussah, weil sie vor 130 Jahren von einem der ersten großen deutschen Industriellen gebaut worden war. Auf beiden Straßenseiten standen Ein- oder Zweifamilienhäuser mit hübschen kleinen Schrebergärten.

Vor jedem Haus stand eine Bank. Auf den Bänken saßen alte Großväter und junge Mütter. Auf der Straße, die nur für Fußgänger war, liefen und tobten sich die Kinder aus. Die Frauen plauderten miteinander, Jung und Alt unterhielt sich ganz ungezwungen. Diesen Ort hätte man als echtes Kommunikationszentrum bezeichnen können!

Technique de traduction : notez les différences

En français	En allemand
1. Je suis propriétaire de **mon appartement** J'habite un appartement dont je suis propriétaire	1. *Ich habe* ***eine Eigentumswohnung*** *Ich wohne in einer Eigentumswohnung*
2. Le Français détaille le montant de son **loyer « chauffage non compris »**	2. L'Allemand parle de « ***Kaltmiete*** » (loyer à froid ! ou loyer sans chauffage)
3. Pour aller travailler, le Français **fait la navette** entre la banlieue et Paris (ou l'inverse)	3. L'Allemand emploie un verbe simple ***er pendelt hin und her*** (= il fait le pendule)
4. Pour désigner celui qui fait la navette quotidiennement, le Français utilise des mots approchants en fonction du contexte, il parle de banlieusard ou de frontalier, etc.	4. L'Allemand utilise un nom simple quel que soit le contexte ***der Pendler*** *(-)*
5. Le Français habite **un pavillon individuel** un pavillon comportant deux appartements ou abritant deux familles un pavillon jumelé	5. L'Allemand dit : ***das Einfamilienhaus ("er)*** *das Zweifamilienhaus* das Doppelhaus
La langue française utilise des mots abstraits ou des périphrases	L'allemand fabrique des mots composés très concrets, mais difficiles à retenir pour nous Français !

7 – Quelle énergie pour demain ?

Les **réactions** des Allemands à la catastrophe de Tchernobyl en 1986 furent d'une part la panique, d'autre part les manifestations contre l'énergie atomique. D'après un journaliste qui **s'était penché** sur cette question, plus des deux tiers de la population allemande **se prononcèrent** à l'époque contre la **construction** de nouvelles centrales atomiques dans leur pays.

Au lendemain de Tchernobyl, le ministre fédéral allemand de l'Economie avait donc voulu **chiffrer** l'**abandon de l'énergie atomique**. Voici les **conclusions** qu'il **avait tirées** de son enquête : non seulement la somme **estimée** atteignait un **montant** énorme, mais encore les importations de pétrole **indispensables**, l'**exploitation charbonnière** et la **consommation de houille augmenteraient** selon lui **le prix** du courant de manière considérable. Les statisticiens **avaient** également **escompté** une **augmentation considérable** du chômage et une aggravation de la pollution de l'air.

Depuis 1986, l'opinion publique n'a guère changé en Allemagne **pour ce qui est de** l'énergie atomique et les idées des Verts **ont fait leur chemin**. La **mise hors service** des centrales atomiques actuellement existantes aurait été impensable il y a vingt ans, mais à présent le gouvernement allemand a su **négocier** avec leurs **exploitants** et il a bien l'intention de **passer à l'acte**.

L'abandon de l'énergie atomique, planifié depuis déjà quelque temps, va donc **être réalisé** à court ou à long terme. Un certain nombre de centrales atomiques vont peu à peu **être déconnectées** en République fédérale d'Allemagne. Comme les Allemands préfèrent de loin les énergies « alternatives », les ingénieurs et les techniciens **s'efforceront** de **découvrir de nouvelles sources d'énergie** et de créer de nouvelles centrales.

Grammaire

Rection du nom = Emploi d'une préposition après un substantif

Die Reaktionen der Deutschen auf die Katastrophe
Der Ausstieg aus der Kernenergie

Rection du verbe

Der Journalist hatte sich mit dieser Frage befasst.
Die Deutschen haben auf die Katastrophe reagiert.
Sie sprachen sich gegen den Bau weiterer Kernkraftwerke aus.
Die Statistiker hatten mit einem Anstieg der Arbeitslosigkeit gerechnet.

Le double infinitif

Der Bundesminister hatte die Kosten für den Ausstieg aus der Kernenergie beziffern wollen

La proposition participiale épithète ou qualificative

Der seit einiger Zeit geplante Ausstieg

Lexique

Le nucléaire et ses problèmes

Ligne à ligne

L. 01 **la réaction à qqc :** die Reaktion auf +acc./**réagir à qqc :** auf + acc. reagieren

L. 03 **se pencher sur** (une question), s'occuper de : sich (mit einer Frage) befassen

L. 04 **se prononcer pour ou contre qqc :** sich aus-sprechen (i, a, o) für + acc. oder gegen + acc.

L. 04 **la construction :** der Bau, die Errichtung

L. 07 **chiffrer :** beziffern/**chiffrer qqc :** die Kosten für + acc. beziffern

L. 07 **l'abandon de l'énergie atomique :** der Ausstieg aus der Kernenergie/**abandonner, quitter un système :** aus + dat. aus-steigen (ie, ie)

L. 07 **tirer une conclusion de :** einen Schluss aus + dat. ziehen (o, o)

L. 08 **estimer, évaluer une somme :** eine Summe ein-schätzen

L. 09 **le montant :** der Betrag ("e)

L. 09 **indispensable :** unentbehrlich

L. 10 **l'exploitation charbonnière :** der Kohleabbau

L. 10 **la consommation de houille :** der Kohleverbrauch

L. 10 **augmenter le prix :** den Preis steigern ; an-heben (o, o)

L. 12 **escompter, s'attendre à, compter sur :** mit + dat. rechnen

L. 12 **une augmentation considérable :** ein gewaltiger Anstieg

L. 14 **pour ce qui est de, relativement à :** in Bezug auf +acc.

L. 15 **faire son chemin, s'imposer :** sich durch-setzen

L. 15 **la mise hors service :** die Stilllegung ; die Abschaltung

L. 17 **négocier :** verhandeln

L. 18 **l'exploitant :** der Betreiber (-)
exploiter une centrale : ein Kraftwerk betreiben (ie, ie)

L. 18 **passer à l'acte, mettre qqc en pratique :** etwas in die Tat umsetzen

L. 20 **réaliser, effectuer :** verwirklichen, durch-führen

L. 21 **déconnecter une centrale :** ein Kraftwerk still-legen ; ab-schalten

L. 23 **s'efforcer de faire qqc :** sich bemühen, etwas zu tun

L. 23 **découvrir de nouvelles sources d'énergie :** neue Energiequellen ausfindig machen

Traduction proposée

Welche Energie für die Zukunft ?

Die Reaktionen der Deutschen auf die Katastrophe von Tschernobyl waren einerseits Panik, andererseits Demonstrationen gegen die Kernenergie. Einem Journalisten zufolge, der sich mit dieser Frage befasst hatte, sprachen sich damals über zwei Drittel der deutschen Bevölkerung gegen den Bau weiterer Kernkraftwerke in ihrem Land aus.

Kurz nach Tschernobyl hatte infolgedessen der Bundeswirtschaftsminister die Kosten für den Ausstieg aus der Kernenergie beziffern wollen. Er hatte folgende Schlüsse aus seiner Untersuchung gezogen : nicht nur erreichte die eingeschätzte Summe einen enormen Betrag, sondern auch sollten – seiner Meinung nach – der unentbehrliche Ölimport, der Kohleabbau und der Kohleverbrauch den Preis des Stroms erheblich ansteigen. Die Statistiker hatten auch mit einem gewaltigen Anstieg der Arbeitslosigkeit und einer Verschlimmerung der Luftverschmutzung gerechnet.

Seit 1986 hat sich in Deutschland die öffentliche Meinung in Bezug auf Kernenergie kaum geändert, und die Ideen der Grünen haben sich durchgesetzt. Die Abschaltung der vorhandenen Kernkraftwerke wäre vor 20 Jahren undenkbar gewesen, aber die deutsche Regierung hat mit deren Betreibern zu verhandeln gewusst und hat jetzt vor, sie in die Tat umzusetzen.

Der seit einiger Zeit geplante Ausstieg aus der Kernenergie soll also kurz- oder langfristig verwirklicht werden. Eine gewisse Anzahl von Atomkraftwerken soll in der Bundesrepublik Deutschland langsam stillgelegt werden. Da den Deutschen die alternativen Energien viel besser gefallen, werden sich die Ingenieure und die Techniker bemühen, neue Energiequellen ausfindig zu machen und neue Kraftwerke zu entwickeln.

Technique de traduction : notez les différences

En français	En allemand
1. **L'abandon de l'énergie atomique** Groupe nominal comportant un simple complément de nom	1. ***Der Verzicht auf die Kernenergie*** ***Der Ausstieg aus der Kernenergie*** Le nom est suivi d'une préposition déterminée (rection) Ici, elle est celle utilisée avec les verbes correspondants auf + acc. ***verzichten*** (renoncer à) aus + dat. ***aus-steigen*** (descendre de, quitter)
2. **La somme estimée** Participe épithète placé après le nom et prenant ici le e du féminin	2. ***Die eingeschätzte Summe*** Participe épithète placé avant le nom et décliné ici au féminin
3. Le gouvernement a négocié avec leurs exploitants = ceux des centrales	3. *Die Regierung hat mit* ***deren*** *Betreibern verhandelt* = avec les exploitants de celles-ci On pourrait dire : *Die Regierung hat mit ihren Betreibern verhandelt* mais l'adjectif possessif « ihr » créerait une confusion car il aurait l'air de se rapporter à « Regierung »
4. **Le gouvernement a su négocier** En français, l'infinitif **négocier** est introduit directement par le verbe **savoir**	4. ***Die Regierung hat zu verhandeln gewusst*** En allemand, l'infinitif ***verhandeln*** est précédé de ***zu***
5. Voici une manière de traduire **préférer** Les Allemands préfèrent les sources d'énergie « alternatives » (= peu traditionnelles)	5. Ici, l'allemand inverse la relation en utilisant *gefallen* (plaire) *Den Deutschen gefallen die alternativen Energiequellen besser* = Les sources d'énergie « alternatives » plaisent mieux aux Allemands

8 – La visite de Honecker à Trèves

En septembre 1987, les paisibles citoyens de Trèves, la belle ville « romaine » à la Porte Noire, furent un jour **tirés brutalement de** leur petite vie tranquille : des reporters de la radio et de la télévision étaient **accourus** pour **accueillir** l'ancien secrétaire général du **SED** qui se trouvait en visite à Trèves. La visite officielle du chef d'Etat est-allemand devait en effet **susciter** un vif **intérêt** en **Rhénanie-Palatinat**.

Bien sûr, la première étape de cette visite fut la maison natale de Karl Marx ; Honecker ne pouvait guère faire autrement que de **rendre hommage** au **fondateur** du socialisme. Devant la maison de Karl Marx, il fut chaleureusement accueilli par une fanfare et plusieurs **membres du parti** communiste local. Ceux-ci n'**hésitèrent** pas à **manifester leur enthousiasme** pour la « pure doctrine » en **agitant leurs drapeaux** rouges, tandis que la police ouest-allemande tentait de les tenir **à une distance respectueuse**.

Or, Honecker avait une autre importante **visite à faire** : il voulait aussi se rendre à Wiebelskirchen, afin de revoir la maison de son père et **s'arrêter** un moment devant la tombe de ses **défunts** parents.

Pour un bref moment ces villes de la Moselle étaient devenues des **lieux de pélerinage** du socialisme, mais voici que des anti-communistes **surgirent** soudain en **hissant** une **banderole** sur laquelle était peint un Karl Marx barbu et fâché qui prononçait les paroles suivantes : « Erich, qu'avez-vous fait de moi ? »

Bien que l'atmosphère paisible **eût été** quelque peu **troublée** par cet incident, on peut dire que la **rencontre** des deux Allemagnes en Rhénanie-Palatinat fut en fin de compte une réussite. La volonté de **partenariat** entre des villes ouest et est-allemandes s'exprima ce jour-là **des deux côtés**. Simplement, on ne se doutait pas que le **« tournant » était imminent**.

Grammaire

La forme passive avec *werden*

Die friedlichen Bürger von Trier wurden wachgerüttelt.
Er wurde von einer Fanfare begrüßt
Obwohl die friedliche Atmosphäre betrübt worden war, ...

La proposition subordonnée infinitive

Um den ehemaligen Generalsekretär zu begrüßen,…
Um sein Vaterhaus wiederzusehen,…
Sie zögerten nicht, ihre Begeisterung zu bezeugen

Le génitif du nom propre

Honeckers Besuch / der Besuch Honeckers
Karl Marx' Geburtshaus / das Geburtshaus Karl Marx'

Comment traduire : en + participe présent

En agitant leurs drapeaux : *indem sie ihre Fahnen schwenkten*
En hissant une banderole : *wobei sie ein Spruchband hochhielten*

Lexique

Politique, relations entre les hommes

Ligne à ligne

L. 02 **tirer brutalement qqn du sommeil :** jn wach-rütteln

L. 03 **accourir :** herbei-kommen (a, o), herbei-laufen (äu, ie, au)

L. 03 **accueillir qqn :** jn begrüßen

L. 04 **SED : Sozialistische Einheitspartei Deutschlands :** Parti socialiste unifié de la RDA

L. 05 **susciter :** hervor-rufen (ie, u)

L. 05 **l'intérêt :** das Interesse (-n)

L. 05 **la Rhénanie-Palatinat :** Rheinland-Pfalz

L. 08 **rendre hommage à qqn :** jm huldigen

L. 08 **le fondateur :** der Gründer (-)

L. 10 **le membre d'un parti :** das Parteimitglied (-er)

L. 11 **hésiter :** zögern

L. 11 **manifester son enthousiasme :** seine Begeisterung bezeugen

L. 12 **agiter un drapeau :** eine Fahne schwenken

L. 13 **à distance respectueuse, qui convient :** in gebührendem Abstand

L. 14 **faire une visite :** einen Besuch ab-statten

L. 15 **s'arrêter, séjourner, s'attarder :** sich auf-halten (ä, ie, a)

L. 16 **défunt :** verstorben

L. 17 **le lieu de pélerinage :** die Wallfahrtsstätte (-n)
le pélerinage : die Wallfahrt (-en)

L. 18 **surgir :** auf-tauchen (ist aufgetaucht)

L. 19 **hisser, tenir en l'air :** hoch-halten (ä, ie, a)

L. 19 **la banderole :** das Spruchband ("er) ; das Transparent (-e)

L. 22 **troubler, gâter :** trüben

L. 23 **la rencontre :** das Treffen (inf. subst.)

L. 24 **le partenariat :** die Partnerschaft (-en)/**le partenaire :** der Partner (-)

L. 25 **des deux côtés :** beiderseits

L. 26 **le « tournant » :** die Wende = la période de changement qui a suivi la réunification

L. 26 **être imminent, être sur le point de :** bevor-stehen (a,a)

Traduction proposée

Honeckers Besuch in Trier

Im September 1987 wurden eines Tages die friedlichen Bürger von Trier, der schönen „römischen" Stadt mit der Porta Nigra, aus ihrem ruhigen Leben wachgerüttelt : Radio- und Fernsehreporter waren herbeigekommen, um den ehemaligen Generalsekretär der SED, der zu Besuch in Trier war, zu begrüßen. Der offizielle Besuch des ostdeutschen Staatschefs sollte tatsächlich großes Interesse in Rheinland-Pfalz hervorrufen.

Natürlich war die erste Etappe das Geburtshaus Karl Marx'; Honecker konnte nichts anderes tun als dem Gründer des Sozialismus zu huldigen. Er wurde vor dem Karl-Marx-Haus von einer Fanfare und mehreren Parteimitgliedern der örtlichen DKP herzlich begrüßt. Diese zögerten nicht, ihre Begeisterung für die „reine Lehre" zu bezeugen, indem sie ihre roten Fahnen schwenkten, während die westdeutsche Polizei sie in gebührendem Abstand zu halten versuchte.

Honecker hatte nun einen anderen wichtigen Besuch abzustatten : er wollte auch nach Wiebelskirchen gehen, um sein Vaterhaus wiederzusehen und sich eine Weile vor dem Grab seiner verstorbenen Eltern aufzuhalten.

Für kurze Zeit waren also diese Städte des Mosellandes zu Wallfahrtsstätten des Sozialismus geworden, aber antikommunistische Demonstranten tauchten plötzlich auf, wobei sie ein Spruchband hochhielten, auf dem ein vollbärtiger zorniger Karl Marx gemalt war, der folgende Worte sprach : „Erich, was habt ihr aus mir gemacht?"

Obwohl die friedliche Atmosphäre durch diesen Zwischenfall etwas getrübt worden war, kann man sagen, daß das deutsch-deutsche Treffen in Rheinland-Pfalz schließlich doch ein Erfolg war. Der Wille zu Partnerschaften zwischen west- und ostdeutschen Städten wurde an diesem Tag beiderseits geäußert. Nur hatte man keine Ahnung/ahnte man nicht, daß die „Wende" so nahe bevorstand.

Technique de traduction : notez les différences

En français	En allemand
1. **La visite d'Honecker**	1. ***Honeckers Besuch*** La marque du génitif saxon est un s
La maison natale de Karl Marx Karl Marx, complément du nom maison, vient en seconde position La fonction du nom propre Karl Marx ne lui fait subir aucune modification	***Das Geburtshaus Karl Marx'*** : génitif postposé ***Karl Marx' Geburtshaus*** : génitif antéposé ou « génitif saxon » Ici, la marque du génitif est une simple apostrophe Après le *x*, le *s* serait imprononçable
2. Ils manifestèrent leur enthousiasme **en agitant leurs drapeaux** en agitant exprime la simultanéité des actions	2. *Sie bezeugten ihre Begeisterung,* ***indem sie ihre Fahnen schwenkten*** La conjonction *indem* ajoute à la simultanéité une idée de cause : c'est en même temps qu'ils agitent et parce qu'ils agitent
3. **La volonté de partenariat** Simple usage de la préposition de cf. **La volonté de puissance**	3. ***Der Wille zu Partnerschaften*** La rection du nom avec *zu* évoque l'idée de destination, de but ou d'intention ***Der Wille zur Macht***
4. L'atmosphère paisible fut **un peu** troublée	4. *Die friedliche Atmosphäre wurde* ***etwas*** *getrübt*

etwas employé seul signifie : **quelque chose**
etwas peut être employé pour modifier le sens d'un adjectif ou d'un verbe. Il signifie alors : **un peu, quelque peu**

9 – Finis les bains de soleil !

En Australie, le **bain de soleil** n'est plus à la mode. Dans un très beau reportage sur les plages australiennes un journaliste nous montre **sans ménagement** les dangers du soleil ainsi que toutes les maladies de peau et les types de cancer que le soleil **a provoqués** dans la population. Il nous explique que dans cette partie du **globe**, la **couche d'ozone** est devenue très mince et que la **chaleur torride** est devenue le danger numéro un pour les fanatiques du soleil.

Autrefois, le **critère de beauté** était une peau bronzée, on restait des heures à la plage sans se soucier de rien. Tant pis si l'on avait quelques **brûlures** sur les épaules ou sur les cuisses. On **avait recours** aux traditionnels **remèdes de bonne femme** : des **rondelles de concombre** ou de tomate faisaient l'affaire !

A présent, nous dit le journaliste, c'est différent : le critère de beauté est une peau pâle. Voilà qui signifie être en bonne santé. Le héros de notre temps, selon lui, n'est plus l'athlète aux épaules **brûlées par le soleil**, mais un jeune homme **pâlot** qui **était** hier encore **la risée** de tous.

Le gouvernement australien a organisé une **campagne d'information** et il **a averti** la population toute entière. On sait que le bain de soleil est néfaste : il provoque en effet trop souvent des **lésions cutanées**, parfois même un **cancer de la peau**.

Tout citoyen australien ou vacancier étranger doit à présent **veiller** au danger. Il doit **se garder de** la grosse chaleur et ne pas rester plus d'une heure en plein soleil – ce que les Australiens appellent le « burn time ». Les enfants doivent porter un chapeau qui, avec sa protection pour la **nuque**, rappelle la **casquette de légionnaire**, et ils doivent **s'enduire** d'écran total ou de crème solaire doté d'un coefficient très élevé (14 ou plus). Les adultes, souvent plus déraisonnables que les enfants, **sont rappelés à l'ordre** et **mis en garde** par les **sauveteurs** qui **surveillent** la plage et qui toute la journée portent des **vêtements étanches à la lumière**.

Une heure de plage par jour, cela suffit. La nouvelle devise : gardez-vous du soleil !

Grammaire

Rection du verbe

Man griff zu traditionellen Hausmitteln.
Jeder Australier soll auf die Gefahr aufpassen.
Er soll sich vor der Hitze hüten.

Le discours indirect

Er erklärt uns, dass die Ozonschicht dünn geworden sei.

Les verbes de modalité

Jeder Australier soll sich vor der Hitze hüten.
Er darf nicht lange in der Sonne liegen.
Die Kinder müssen eine Mütze tragen.

Lexique

Loisirs et hygiène de vie

Ligne à ligne

L. 01 **le(s) bain(s) de soleil :** das Sonnenbad, in der Sonne liegen

L. 02 **sans ménagement :** schonungslos

L. 04 **provoquer, causer :** verursachen

L. 05 **le globe :** die Erdkugel (-n)

L. 05 **la couche d'ozone :** die Ozonschicht (-en)

L. 05 **la chaleur torride :** die glühende Hitze

L. 07 **le critère de beauté :** das Schönheitskriterium (-kriterien)

L. 08 **la brûlure, le coup de soleil :** der Sonnenbrand ("e)

L. 09 **avoir recours à :** zu + dat. greifen (i, i)

L. 09 **le remède de bonne femme :** das Hausmittel (-)

L. 10 **la rondelle de concombre :** die Gurkenscheibe (-n)

L. 13 **brûlé par le soleil :** sonnenverbrannt

L. 14 **pâlot, à la peau toute blanche :** blasshäutig

L. 14 **être la risée de qqn :** von jm belächelt werden

L. 15 **la campagne d'information :** die Aufklärungskampagne (-n)

L. 16 **avertir de, mettre qqn en garde contre :** jn vor + dat. warnen

L. 17 **la lésion cutanée :** der Hautschaden (")

L. 17 **le cancer de la peau :** der Hautkrebs

L. 18 **veiller à, prendre garde à :** auf + acc. achten/acht-geben

L. 19 **se garder de :** sich vor + dat. hüten

L. 22 **la nuque :** der Nacken (-)

L. 22 **la casquette de légionnaire :** die Legionärskappe (-n)

L. 23 **s'enduire de :** sich mit + dat. einschmieren

L. 25 **rappeler à l'ordre :** zur Disziplin auf-rufen (ie, u)

L. 25 **le sauveteur :** der Rettungsschwimmer (-)

L. 25 **surveiller :** überwachen

L. 26 **les vêtements** (pl.) : die Kleidung (sing.)

L. 26 **étanche à la lumière :** lichtundurchlässig/**durch-lassen** (ä, ie, a) : laisser passer, être perméable à

Traduction proposée

Schluss mit dem Sonnenbad !

In Australien ist das Sonnenbad nicht mehr in Mode. In einer sehr schönen Reportage über die australischen Strände zeigt uns ein Journalist schonungslos die Gefahren der Sonne, sowie alle Hautkrankheiten und Krebsarten, welche die Sonne bei der australischen Bevölkerung verursacht hat. Er erklärt uns, dass in diesem Teil der Erdkugel die Ozonschicht sehr dünn und die glühende Hitze für die Sonnenfanatiker die Gefahr Nummer eins geworden ist.

Früher war das Schönheitskriterium eine gebräunte Haut, man blieb stundenlang am Strand liegen, ganz sorglos, auch wenn man ein paar Sonnenbrände auf den Schultern oder den Schenkeln bekam. Man griff zu traditionellen Hausmitteln : mit Gurken- oder Tomatenscheiben war es getan!

Jetzt, sagt uns der Reporter, sei es anders : das Schönheitskriterium laute, eine blasse Haut zu haben. Dies bedeute gesund zu sein. Der Held unserer Zeit sei nicht mehr der Athlet mit sonnenverbrannten Schultern, sondern ein blasshäutiger junger Mann, der gestern noch von allen belächelt worden sei.

Die australische Regierung hat eine Aufklärungskampagne organisiert und die ganze Bevölkerung gewarnt. Man weiß, dass das Sonnenbad schädlich ist. Es erregt allzu oft Hautschäden, manchmal sogar Hautkrebs.

Jeder australische Bürger oder ausländische Urlauber soll jetzt auf die Gefahr achten/achtgeben. Er soll sich vor der Hitze hüten, darf nicht mehr als eine Stunde lang in der brennenden Sonnenhitze liegen bleiben – die Australier nennen sie die „burn time". Die Kinder müssen eine Mütze tragen, die mit ihrem Nackenschutz an die Legionärskappe erinnert, und sie müssen sich mit Sonnenblocker oder mit Sonnenschutzcreme von hohem Faktor (14 oder mehr) einschmieren. Oft unvernünftiger als die Kinder, werden die Erwachsenen von den Rettungsschwimmern, die den Strand überwachen und den ganzen Tag lichtundurchlässige Kleidung tragen, zur Disziplin aufgerufen und gewarnt.

Pro Tag eine Stunde am Strand, das reicht. Die neue Devise lautet : hüten Sie sich vor der Sonne!

Technique de traduction : notez les différences

En français	En allemand
1. **Mettre qqn en garde contre le danger** **Se garder du soleil**	1. ***Jn vor der Gefahr warnen*** ***Sich vor der Sonne hüten***
2. Il nous dit que le héros de notre temps **est** un homme pâlot Au discours indirect, emploi de l'indicatif	2. *Er sagt uns, der Held unserer Zeit* ***sei*** *ein blasser Mann* L'allemand utilise le **Subjonctif I présent** quand les faits rapportés sont simultanés par rapport au verbe du discours
qui hier encore **était** la risée de tous	*der gestern noch von allen* ***belächelt worden sei*** **Subjonctif I passé** quand les faits rapportés sont antérieurs au verbe du discours
3. **Il est la risée de tous** Sourire de, se moquer de qqn Verbe intransitif	3. ***Er wird von allen belächelt*** *Jn belächeln* Verbe transitif qui se met volontiers à la forme passive personnelle
4. **L'homme à la peau pâle, pâlot** Une femme aux yeux bleus Un enfant aux cheveux longs Un complément de nom	4. ***Der Mann <u>mit</u> blasser Haut, der blasshäutige Mann*** *Eine Frau mit blauen Augen, eine blauäugige Frau* *Ein Kind mit langen Haaren, ein langhaariges Kind* Un complément introduit par *mit* ou un adjectif composé

10 – Les vacances de ski

Comment envoyer les enfants aux sports d'hiver? Que faire? Dès septembre, de nombreux parents **se creusent la cervelle** pour organiser les vacances d'hiver de leurs chers petits. Ils **s'arrachent les places** offertes par les diverses **associations** qui organisent les vacances d'hiver pour les scolaires : **comités d'entreprise**, **municipalités**, associations sportives privées, chacun a sa formule, ses centres, ses **compartiments de chemins de fer** réservés.

Bien des parents sont désespérés et ne savent plus quoi faire. Ils ont beau téléphoner de tous côtés, **ils sont dans l'impasse**. Les associations **font preuve de bonne volonté**, mais elles ne **sont** pas toujours **en mesure de** proposer des **forfaits de remonte-pente** et des **cours de ski** gratuits ! Quelques associations publient des catalogues avec une **sélection** de **centres de vacances** : **station de sports d'hiver**, **encadrement**, ambiance, qualité de la restauration, tout a été testé au préalable. Les parents veulent bien entendu **prendre des garanties** avant de **confier** leurs enfants à des **moniteurs**. Mais comment savoir **d'avance** ce que les enfants vont trouver **sur place** ?

Une mère qui avait envoyé ses enfants dans un centre réputé pour son sérieux assure : « Je ne recommencerai pas. On **veillait** parfaitement à la santé et à la sécurité des enfants, mais la discipline était si sévère que les enfants ont passé de très mauvaises vacances ; les organisateurs étaient si prudents qu'ils gardaient les enfants au chalet chaque fois qu'il neigeait ! »

Que faire alors des enfants qui ne peuvent pas **partir aux sports d'hiver** ? **Garderies**, cinéma, **bibliothèques**, **ateliers** ? Cela n'a rien d'évident pour des parents **très occupés**.

Grammaire

Expression de la concession

Sie können noch so viel telefonieren, die Situation ist ausweglos.

La subordonnée de conséquence

Die Disziplin war so streng, dass die Kinder schlechte Ferien verbracht haben.
Die Organisatoren waren so vorsichtig, dass die Kinder zu Hause bleiben mussten.

L'interrogation directe

Wie kann man die Kinder in den Skiurlaub schicken ?

Lexique

Les sports d'hiver et les loisirs

Ligne à ligne

L. 02 **se creuser la cervelle :** sich den Kopf zerbrechen (i, a, o), grübeln

L. 03 **s'arracher des places :** sich um Plätze reißen (i, i)

L. 03 **l'association :** der Verein (-e)
l'association sportive : der Sportverein

L. 04 **le comité d'entreprise :** der Betriebsrat ("e)

L. 05 **la municipalité :** die Stadtverwaltung (-en)

L. 06 **le compartiment de chemin de fer :** das Zugabteil (-e)

L. 08 **être dans l'impasse :** soit : die Situation ist ausweglos, soit : in einer ausweglosen Situation sein

L. 09 **faire preuve de bonne volonté :** sein Bestes tun, guten Willen zeigen

L. 09 **être en mesure de faire qqc :** imstande sein, etwas zu tun

L. 10 **le forfait de remonte-pente :** der Skipass ("e)

L. 10 **le cours de ski :** der Skikurs (-e)

L. 11 **la sélection :** die Auswahl (-en)

L. 11 **le centre de vacances :** das Ferienheim (-e), das Ferienzentrum (-zentren)

L. 12 **la station de sports d'hiver :** der Wintersportort (-e)

L. 12 **l'encadrement :** die Betreuung/**encadrer** (des enfants) : betreuen

L. 14 **prendre des garanties :** eine Garantie haben wollen, verlangen

L. 14 **confier son enfant à qqn :** jm sein Kind an-vertrauen (voir Thème n° 13)

L. 14 **le moniteur :** der Betreuer (-)

L. 15 **d'avance :** im Voraus

L. 15 **sur place :** vor Ort

L. 17 **veiller à :** für + acc. sorgen

L. 21 **partir aux sports d'hiver :** in Skiurlaub fahren (ä, u, a)

L. 21 **la garderie :** die Tagesstätte (-n)

L. 22 **la bibliothèque :** die Bibliothek (-en), die Bücherei (-en)

L. 22 **l'atelier :** das Atelier (-s), die Freizeitaktivität (-en)

L. 23 **très occupés :** sehr beschäftigt, vollbeschäftigt

Traduction proposée

Der Skiurlaub

Wie soll man die Kinder in Skiurlaub schicken? Was tun? Schon im September zerbrechen sich viele Eltern den Kopf, wie sie die Winterferien ihrer lieben Kinder organisieren könnten. Sie reißen sich um die Plätze, die von den verschiedenen Vereinen, die den Winterurlaub für Schüler organisieren, angeboten werden : Betriebsräte, Stadtverwaltungen, private Sportvereine, jeder hat seine Methode, seine Ferienzentren, seine gebuchten Zugabteile.

Manche Eltern sind verzweifelt und wissen sich keinen Rat mehr : sie können noch so viel telefonieren ; die Situation ist ausweglos. Die Vereine tun ihr Bestes, aber sie sind nicht immer imstande, kostenlose Skipässe und -kurse anzubieten ! Einige Vereine veröffentlichen Kataloge mit einer Auswahl von Ferienzentren : Wintersportort, Betreuung, Atmosphäre, Qualität des Essens, alles ist schon vorher getestet worden. Die Eltern wollen eine Garantie haben, bevor sie ihre Kinder den Betreuern des Zentrums anvertrauen. Aber wie kann man im Voraus wissen, was die Kinder vor Ort finden werden ?

Eine Mutter, die ihre Kinder in ein für seine Zuverlässigkeit bekanntes Ferienheim geschickt hatte, sagt : „Das werde ich kein zweites Mal machen. Man sorgte sehr gut für die Gesundheit und die Sicherheit der Kinder, aber die Disziplin war so streng, dass die Kinder sehr schlechte Ferien verbracht haben ; die Organisatoren waren so vorsichtig, daß die Kinder zu Hause bleiben mussten, jedesmal wenn es schneite !"

Was soll man mit Kindern anfangen, die nicht in den Skiurlaub fahren können ? Tagesstätten, Kino, Bibliotheken/Büchereien, Ateliers/Freizeitaktivitäten ? Die so sehr beschäftigten Eltern haben es wirklich nicht leicht !

Technique de traduction : notez les différences

En français

1. **Que faire ? Que penser ?**
Question possible à l'infinitif

Que faire des enfants ?
Que faire des enfants qui ne partent pas ?

Question possible à l'infinitif

2. Sur place
Veiller aux enfants
Que faire de ces enfants ?

3. **Avant de confier leurs enfants,** les parents veulent...
Proposition infinitive, pas de sujet exprimé

4. Voir Grammaire. Thème 13

Confier ses enfants / un secret à quelqu'un
Il confie ses enfants à un moniteur
Il les lui a confiés
Pour lui confier ses enfants

5. **Un centre réputé pour son sérieux**
Groupe nominal
Article + substantif + part. épithète + compl.

En allemand

1. ***Was tun? Was denken?***
Question possible à l'infinitif, quand l'infinitif est seul

Was soll man mit den Kindern anfangen?
Was soll man mit Kindern anfangen, die nicht wegfahren?
Question impossible à l'infinitif quand la phrase est longue

2. *Vor Ort*
Für die Kinder sorgen
Was soll man mit diesen Kindern anfangen?

3. ***Bevor sie ihre Kinder anvertrauen,*** *wollen die Eltern...*
Sujet exprimé + verbe conjugué

4. Le verbe ***an-vertrauen*** comporte à la fois
une particule inséparable (***ver-***) et
une particule séparable (***an***)
Jemandem seine Kinder / ein Geheimnis an-vertrauen
Er vertraut dem Betreuer seine Kinder an
Er hat sie ihm anvertraut
Um ihm seine Kinder anzuvertrauen

5. ***Ein für seine Zuverlässigkeit bekanntes Ferienheim***
Proposition participiale épithète ou qualificative
Article + compl. + participe épithète + subst.

11 – La drogue, fléau des temps modernes

Bien des **populations** du **Proche**, **Moyen** ou de l'**Extrême-Orient cultivent le chanvre** indien pour le transformer en haschisch, ainsi que le pavot, pour en tirer de l'**opium**, de la **morphine** ou de l'**héroïne**. Beaucoup de paysans libanais habiteraient encore dans des huttes d'**argile** si la production et l'industrie de la drogue n'**étaient** pas pour eux **d'un rapport considérable**. On assiste exactement au même phénomène en Amérique du Sud, par exemple, où la culture des plantes toxiques représente la principale **source de revenus** des **autochtones**.

Face à ce problème grave, le monde actuel est **en plein désarroi**. Comment **juguler** le **déferlement** de la drogue et comment en faire cesser le trafic? Suffirait-il d'**aider financièrement** les pays sous-développés producteurs de **stupéfiants** pour mettre un terme à cette culture meurtrière? **Laissons à part** la morphine utilisée dans les hôpitaux pour les soins aux grands blessés. Comment **venir à bout** des trafiquants de drogue et de leur **cupidité** ?

Ces derniers sont de véritables, mais invisibles **potentats**. Ils **s'en remettent à** une infrastructure complexe et solide derrière laquelle ils demeurent camouflés. Ils possèdent une telle **fortune** qu'ils **disposent** pour ainsi dire d'une armée privée, c'est-à-dire de quantité de **véhicules** et d'hommes **armés**.

Le problème des victimes est encore plus **inquiétant** : on ne sait pas comment, dans certains cas, **endiguer** la **toxicomanie**. Les **centres** de **désintoxication** et les traitements médicaux ne sont pas aussi efficaces qu'on pourrait le souhaiter, **non de leur faute**, mais du fait de la dépendance. La tâche la plus urgente et la plus importante reste sans doute la **prévention** et l'information des adolescents.

Grammaire

La proposition qualificative ou proposition participiale épithète

Die Rauschgift produzierenden Länder

Abgesehen von dem in den Krankenhäusern für Schwerkranke benützten Morphium

La comparaison et le comparatif

Das Problem der Opfer ist noch beunruhigender

Die Behandlungen sind nicht so wirksam wie...

Le superlatif de l'adjectif

Die dringendste und wichtigste Aufgabe

L'adjectif ou le participe substantivé

Die Einheimischen
für Schwerverletzte
für die Drogenabhängigen
Die Prävention der Jugendlichen

Lexique

La toxicomanie et ses problèmes

Ligne à ligne

L. 01 **la population :** die Bevölkerung (-en)

L. 01 **le Proche-Orient :** der Nahe Osten ; **le Moyen-Orient :** der Mittlere Osten ; **l'Extrême-Orient :** der Ferne Osten

L. 01 **cultiver le chanvre :** den Hanf an-bauen/la culture d'une plante : der Anbau einer Pflanze

L. 03 **l'opium :** das Opium

L. 03 **la morphine :** das Morphium

L. 03 **l'héroïne :** das Heroin

L. 04 **l'argile :** der Lehm

L. 05 **être d'un rapport considérable pour qqn, rapporter gros à qqn :** jm einen erheblichen Gewinn ein-bringen

L. 07 **la source de revenus :** die Erwerbsquelle (-n)

L. 07 **les autochtones :** die Einheimischen (adj. substantivé – voir Thèmes 6, 14, 15, 19 et 20)

L. 08 **en plein désarroi, totalement désemparé :** völlig hilflos

L. 09 **juguler, faire cesser :** unterbinden (a, u)

L. 09 **le déferlement, la propagation effrénée de :** die hemmungslose Verbreitung

L. 10 **aider financièrement, soutenir :** unterstützen

L. 11 **le stupéfiant :** das Rauschgift (-e)

L. 11 **laissons à part, indépendamment de :** abgesehen von + dat.

L. 13 **venir à bout de qqc, qqn :** mit etwas, jm fertig werden

L. 13 **la cupidité :** die Geldsucht

L. 14 **le potentat :** der Machthaber (-)

L. 14 **s'en remettre à, se fier à :** sich auf + acc. verlassen (ä, ie, a)

L. 16 **la fortune :** das Vermögen (-)

L. 16 **disposer de :** über + acc. verfügen

L. 17 **le véhicule :** das Fahrzeug (-e)

L. 17 **armé :** bewaffnet

L. 18 **inquiétant :** besorgniserregend, beunruhigend

L. 19 **endiguer :** ein-dämmen

L. 19 **la toxicomanie :** die Drogensucht

L. 19 **le centre :** das Zentrum (Zentren)

L. 19 **la désintoxication :** die Entziehungskur (-en)

L. 21 **non de leur faute :** nicht an ihnen liegt es ; tenir à, être dû à : an + dat. liegen (a, e)

L. 22 **la prévention :** die Prävention, die Vorbeugung

Traduction proposée

Die Droge, Plage der modernen Zeit

Verschiedene Bevölkerungsgruppen aus dem Nahen, Mittleren oder Fernen Osten bauen indischen Hanf an, um ihn zu Hasch zu verarbeiten, sowie Mohn, um daraus Opium, Morphium oder Heroin zu gewinnen. Viele libanesische Bauern würden noch in Lehmhütten wohnen, wenn die Drogenproduktion und die Drogenindustrie ihnen nicht einen erheblichen Gewinn einbringen würden. Man erlebt genau das gleiche in Südamerika zum Beispiel, wo der Anbau der Suchtpflanzen die Haupterwerbsquelle der Einheimischen darstellt.

Diesem akuten Problem steht die heutige Welt völlig hilflos gegenüber. Wie kann man die hemmungslose Verbreitung der Droge und deren Handel unterbinden? Würde es genügen, die Rauschgift produzierenden unterentwickelten Länder zu unterstützen, um der tödlichen Pflanzenzucht ein Ende zu setzen? (Abgesehen von dem in den Krankenhäusern für Schwerverletzte benützten Morphium). Wie kann man mit Drogenhändlern und deren Geldsucht fertig werden?

Letztere sind echte, aber unsichtbare Machthaber. Sie verlassen sich nämlich auf eine komplexe und feste Infrastruktur, hinter der sie versteckt bleiben. Sie besitzen ein solches Vermögen, dass sie sozusagen über eine Privatarmee, das heißt eine große Zahl an Fahrzeugen und bewaffneten Männern, verfügen.

Das Problem der Opfer ist noch besorgniserregender: man weiß nicht, wie man in gewissen Fällen die Drogensucht eindämmen kann/wie die Drogensucht in gewissen Fällen eingedämmt werden kann. Die Zentren für Entziehungskuren und die medizinischen Behandlungen sind nicht so wirksam, wie man es wünschen könnte. Nicht an ihnen liegt es, sondern an der Abhängigkeit. Die dringendste und wichtigste Aufgabe bleibt zweifelsohne die Prävention und die Erziehung der Jugendlichen.

Technique de traduction : notez les différences

En français	En allemand
1. **On ne sait pas comment endiguer la toxicomanie** Comment + infinitif + compléments Proposition infinive en français	1. ***Man weiß nicht, wie man die Drogensucht eindämmen kann*** *Wie* + sujet exprimé + compléments + verbe conjugué Pas de proposition infinitive en allemand
2. Groupe nominal **La morphine utilisée pour les blessés graves** Ordre des mots en français **Article + nom + participe + compléments**	2. Proposition participiale épithète ou qualificative ***Das für Schwerverletzte benützte Morphium*** Ordre des mots en allemand **Article + compléments + participe + nom**
3. **Mis à part, sans compter, indépendamment de**	3. ***Abgesehen von* + dat.**
4. **Ces derniers** Désigne ceux dont il a été question dans la phrase qui précède	4. ***Letztere*** (se décline comme un adjectif épithète)
5. Traduction de **en** Comment en faire cesser le trafic ? (= le trafic de celle-ci, de la drogue)	5. Ici, **en** correspond à un génitif Wie kann man deren Handel unterbinden ? (= den Handel der Droge)

12 - Briand et Stresemann

On rencontre assez rarement des **pacifistes** qui s'efforcent de **mettre leur idéal en pratique**. Nous en avons un exemple dans **l'histoire récente** de nos deux pays : Gustav Stresemann et Aristide Briand. Tous deux **étaient issus** de milieux similaires. Les parents de Briand **tenaient un bistrot** à Saint-Nazaire, ceux de Stresemann une petite taverne au sud-est de Berlin.

Aristide Briand devint avocat et dès le début de sa carrière, il **plaida** avec ardeur pour le **droit** des ouvriers **à la grève générale**. Après avoir professé un socialisme radical, ce jeune **défenseur de la liberté évolua** ensuite vers des **conceptions** plus bourgeoises, mais il resta toujours l'**avocat** des **défavorisés**. Stresemann venait d'un horizon politique bien différent et resta **profondément marqué par** l'esprit national d'une **association d'étudiants** dont il avait fait partie pendant ses études. Les deux hommes **avaient** néanmoins quelque chose **en commun** : une grande intelligence et une **perception** exacte **de la situation politique** de leur époque.

Le jour où le conflit de la Ruhr lui **révéla** que l'Allemagne était au **bord** de l'**abîme**, Stresemann se fit l'ardent **champion** du **rapprochement** franco-allemand. Il voyait en effet dans une **politique de détente** le seul moyen pour son pays d'**éviter** la guerre. Mais Aristide Briand disait bien que la **paix** est un maître **exigeant**, beaucoup plus exigeant que la guerre ; elle est en effet une affaire de **volonté** et de **cœur**.

En 1925, Briand et Stresemann **signèrent** les accords de Locarno, qui ne purent empêcher, hélas, qu'à court terme, une nouvelle guerre entre la France et l'Allemagne. Le conflit devait **éclater** une quinzaine d'années plus tard.

Grammaire

Celui de, celle de, ceux de, celles de...

Der/derjenige ..., das/dasjenige ..., die/diejenige ..., die/diejenigen ...
Briands Eltern betrieben eine Hafenkneipe in Saint-Nazaire, die von Stresemann/diejenigen von Stresemann...

Rection du nom

Das Recht auf Generalstreik
Die Einsicht in die politischen Zustände der Zeit

Nachdem + parfait : présent dans la principale

Nachdem er sich zu einem radikalen Sozialismus bekannt hat, nähert er sich...

Nachdem + plus que parfait : passé dans la principale

Nachdem er sich zu einem radikalen Sozialismus bekannt hatte, näherte er sich...

Déclinaison de *der Friede, der Wille, das Herz...*

Der Friede sei eines Sache des Willens

Lexique

Société et politique

Ligne à ligne

L. 01 **le pacifiste :** der Pazifist (-en,-en)

L. 01 **mettre son idéal en pratique :** sein Ideal in die Praxis um-setzen

L. 02 **l'histoire récente de notre pays :** die jüngere Geschichte unseres Landes

L. 03 **être issu de :** entstammen + dat.

L. 04 **tenir un bistrot :** eine Kneipe betreiben (ie, ie)

L. 06 **plaider pour :** für + acc. plädieren

L. 07 **le droit à la grève générale :** das Recht auf Generalstreik

L. 08 **le défenseur de la liberté :** der Freiheitskämpfer (-)

L. 08 **évoluer vers, se rapprocher de :** sich + dat. nähern

L. 08 **la conception :** die Auffassung (-en)

L. 09 **l'avocat :** der Rechtsanwalt ("e)

L. 09 **défavorisé, désavantagé :** benachteiligt

L. 10 **profondément marqué par, de :** tief von + dat. geprägt

L. 11 **l'association d'étudiants :** die Studentenverbindung (-en)

L. 13 **avoir qqc en commun :** etwas gemein haben

L. 13 **la perception de la situation politique :** die Einsicht in die politischen Zustände (pl.)

L. 15 **révéler à qqn :** jm klar-machen

L. 15 **le bord :** der Rand ("er)

L. 16 **l'abîme :** der Abgrund ("e)

L. 16 **le champion de, le défenseur de :** der Verfechter (-)

L. 16 **le rapprochement :** die Annäherung

L. 17 **la politique de détente :** die Entspannungspolitik

L. 18 **éviter :** vermeiden (ie, ie)

L. 18 **la paix :** der Friede (den, dem Frieden, des Friedens)

L. 19 **exigeant :** anspruchsvoll

L. 20 **la volonté :** der Wille (den, dem Willen, des Willens)

L. 20 **le cœur :** das Herz (dem Herzen, des Herzens)

L. 21 **signer :** unterzeichnen

L. 23 **éclater :** aus-brechen (i, a, o)

Traduction proposée

Briand und Stresemann

Pazifisten, die sich bemühen, ihr Ideal in die Praxis umzusetzen, sind ziemlich selten zu finden. Wir haben ein Beispiel solcher Menschen in der jüngeren Geschichte unserer beiden Länder : Gustav Stresemann und Aristide Briand. Beide entstammten ähnlichen Milieus. Briands Eltern betrieben eine Hafenkneipe in Saint-Nazaire, die Stresemanns eine Kneipe im Südosten Berlins.

Aristide Briand wurde Rechtsanwalt und gleich am Anfang seiner Karriere plädierte er mit Eifer für das Recht der Arbeiter auf Generalstreik. Nachdem dieser junge Freiheitskämpfer sich zu einem radikalen Sozialismus bekannt hatte, näherte er sich dann mehr bürgerlichen Auffassungen, blieb aber stets der Anwalt der Benachteiligten. Stresemann kam von einem ganz anderen Horizont her und blieb tief geprägt vom nationalen Geist einer Studentenverbindung, der er während seines Studiums angehört hatte. Beide Männer hatten jedoch etwas gemein : eine große Klugheit und eine richtige Einsicht in die politischen Zustände ihrer Zeit.

Als der Ruhrkonflikt Stresemann klarmachte, dass Deutschland am Rande des Abgrunds stand, machte er sich zum eifrigen Verfechter der deutsch-französischen Annäherung.

In der Entspannungspolitik erkannte er nämlich das einzige Mittel für sein Land, den Krieg zu vermeiden. Aber Briand sagte wohl, der Friede sei ein anspruchsvoller Herr, viel anspruchsvoller als der Krieg. Er sei nämlich eine Sache des Herzens und des Willens.

1925 unterzeichneten Briand und Stresemann den Vertrag von Locarno, der einen neuen Krieg zwischen Frankreich und Deutschland leider nur kurzfristig verhindern konnte. Der Konflikt sollte etwa fünfzehn Jahre später ausbrechen.

Technique de traduction : notez les différences

En français	En allemand
1. **L'association dont il avait fait partie** Il avait fait partie de l'association dont = de laquelle	1. ***Die Burschenschaft, der er angehört hatte*** *Er hatte der Burschenschaft angehört* ***der*** est le datif féminin singulier, cas avec lequel se construit le verbe *an-gehören*
2. **Le rapprochement franco-allemand**	2. ***Die deutsch-französische Annäherung***

On remarque ici que l'adjectif est composé de deux termes dont le plus court est placé en premier

français est plus court que allemand	*deutsch*, avec une seule syllabe, plus court que *französisch*

3. *Aber Briand sagte, der Friede sei ein anspruchsvoller Herr, viel anspruchsvoller als der Krieg*

Dans le premier cas, *anspruchsvoll-er* est un adjectif décliné et se rapportant à un nom masculin singulier
Dans le deuxième cas, *anspruchsvoll-er* est un adjectif au comparatif, il n'est pas décliné, il est seulement placé en apposition à *Herr*

4. **Après avoir professé un socialisme radical, Briand...** Proposition infinitive, infinitif passé Pas de sujet exprimé	4. ***Nachdem er sich zu einem radikalen Sozialismus bekannt hatte, ...*** Sujet exprimé et verbe conjugué en fin de proposition
5. **Une quinzaine d'années** Une dizaine d'années	5. ***Etwa fünfzehn Jahre*** (= environ quinze ans) Etwa zehn Jahre

13 – Le dernier des Mohicans

Un critique allemand contemporain **très en vue** répond à une interview du *Spiegel* sur le rôle du **metteur en scène** et sa **fidélité** aux grandes œuvres de Shakespeare ou de Sophocle, quand elles sont **représentées au théâtre**. Le critique **entre** immédiatement **dans le vif du sujet** et **fait remarquer** les **faits** suivants : jusque dans les années 68, on n'a jamais vu Brecht ou Gründgens trahir un **auteur dramatique** et il n'y a jamais eu de discussion sur la fidélité à une œuvre. Il évoque en revanche une nouvelle représentation du « Roi Lear » où l'on voit Lear **se comporter** en clochard durant tout le drame. Si la pièce de Shakespeare est difficile, ce n'est pas cette **mise en scène** qui, selon lui, la rend plus accessible.

Mettre une œuvre théâtrale **à la portée du** public ne signifie pas qu'il faille **déguiser** un **roi déchu** en « paumé » du vingt-et-unième siècle ou **transformer** chez Sophocle le **chœur** antique grec en attroupement de badauds dans la rue d'une quelconque capitale européenne. Ce critique explique alors le rôle du chœur antique, il essaie de **repenser** l'esprit de la tragédie grecque. Tout en nous **initiant** à cet univers fascinant, il nous rend peu à peu **réceptifs** à la signification de la tragédie. Ses remarques nous **incitent à** la lecture des **drames** classiques.

« Quand je vois le roi Lear en **chemise**, pieds nus, l'air complètement **avachi**, et récitant de la prose au lieu des vers avec l'accent bavarois, je considère qu'au lieu de nous émouvoir, il nous **éloigne** de la tragédie, laquelle perd alors son universalité. Ce quotidien banal démolit l'œuvre d'art », continue le critique. Il termine l'interview par quelques remarques désabusées sur ce genre de mascarade ou d'**escroquerie** culturelle.

« On me **traite de réactionnaire** ou aussi de dernier des Mohicans », conclut-il, « mais lorsque toute une partie de la population **se détourne** des **chefs-d'œuvre** à cause de ce genre de représentation, je crains que la civilisation ne soit en déclin. »

Grammaire

Le discours indirect

Der Kritiker sagt : bis zur 68er-Zeit habe man es nie erlebt, dass…
eine Diskussion habe es nie gegeben…

L'adjectif en apposition

Wenn ich König Lear im Hemd sehe, barfuß, völlig schlapp...

Le double accusatif

Man nennt mich einen Reaktionär

Le verbe à double particule, séparable et inséparable

Nach-vollziehen : er hat nachvollzogen, das muss man nachvollziehen, er hat es nachzuvollziehen

Ces verbes (*vor-behalten, an-gehören, ein-beziehen, an-vertrauen,* etc.) sont employés par les Allemands à des formes restreintes, principalement à l'infinitif et au participe I ou II.

Lexique

Théâtre et culture

Ligne à ligne

L. 01 **très en vue :** prominent

L. 02 **le metteur en scène :** der Regisseur (-e)

L. 02 **la fidélité à :** die Treue zu + dat.

L. 03 **représenter au théâtre :** vor-führen, auf-führen

L. 04 **entrer dans le vif du sujet :** das Thema auf den springenden Punkt bringen

L. 04 **faire remarquer :** auf + acc. hin-weisen (ie, ie)

L. 04 **le fait :** die Tatsache (-n)

L. 06 **l'auteur dramatique :** der Dramatiker (-)

L. 08 **se comporter :** sich verhalten (ä, ie, a)

L. 09 **la mise en scène :** die Inszenierung (-en)/**mettre en scène :** inszenieren

L. 11 **mettre une œuvre à la portée de qqn :** jm ein Werk näher-bringen

L. 12 **déguiser en :** als ... verkleiden

L. 12 **le roi déchu :** der gestürzte König

L. 12 **transformer en, métamorphoser en :** in + acc. verwandeln

L. 13 **le chœur :** der Chor (-e)

L. 15 **repenser, reconstituer, concevoir :** nach-vollziehen (o, o)

L. 16 **initier à :** in + acc. ein-weihen

L. 16 **réceptif à :** für + acc. empfänglich

L. 17 **inciter à :** zu + dat. an-regen

L. 17 **le drame :** das Drama (Dramen)

L. 19 **la chemise :** das Hemd (-en)

L. 19 **avachi :** schlapp

L. 21 **éloigner de :** von + dat. entfernen

L. 24 **l'escroquerie :** der Betrug ("e)

L. 25 **traiter qqn de réactionnaire :** jn einen Reaktionär nennen (nannte, hat genannt)

L. 26 **se détourner de :** sich von + dat. ab-wenden (rég. : wendete ab, abgewendet, ou irrég. : wandte ab, abgewandt)

L. 26 **le chef-d'œuvre :** das Meisterwerk (-e) ; **l'œuvre d'art :** das Kunstwerk (-e)

Traduction proposée

Der letzte Mohikaner

Ein prominenter zeitgenössischer deutscher Kritiker antwortet auf ein Interview des *Spiegel* über die Rolle des Regisseurs und seiner Treue zu den großen Werken von Shakespeare oder Sophokles, wenn sie im Theater vorgeführt werden. Der Kritiker bringt das Thema sofort auf den springenden Punkt und weist auf folgende Tatsachen hin : bis zur 68er-Zeit habe man es nie erlebt, dass Brecht oder Gründgens einen Dramatiker verraten habe und eine Diskussion um Werktreue habe es nie gegeben. Dafür erwähnt er eine neue Aufführung von „König Lear", bei der Lear sich im ganzen Drama als Clochard verhält. Zwar sei das Stück Shakespeares schwierig, seiner Meinung nach mache aber diese Inszenierung das Werk nicht zugänglicher.

Dem Publikum ein Theaterstück näherzubringen bedeutet nicht, den gestürzten König als „Aussteiger" des einundzwanzigsten Jahrhunderts zu verkleiden oder bei Sophokles den Chor des griechischen Altertums in einen Auflauf von Gaffern auf der Straße irgendeiner europäischen Großstadt zu verwandeln. Dieser Kritiker erläutert dann die Rolle des Chors in der Antike, er versucht, den Geist der griechischen Tragödie nachzuvollziehen. Indem er uns in diese fesselnde Welt einweiht, macht er uns langsam für die Bedeutung der Tragödie empfänglich. Seine Bemerkungen regen uns dazu an, klassische Dramen zu lesen.

„Wenn ich König Lear im Hemd sehe, barfuß, völlig schlapp, Prosa statt Verse mit bayerischem Tonfall aufsagend, bin ich der Meinung, dass er, statt uns zu bewegen, uns von der Tragödie entfernt, welche dann ihren universellen Wert verliert. Der banale Alltag macht das Werk kaputt", fährt der Kritiker fort. Er beendet das Interview mit ein paar desillusionierten Bemerkungen über diese Art Maskerade oder kulturellen Betrugs.

„Man nennt mich einen Reaktionär oder auch den letzten Mohikaner, sagt er abschließend, aber wenn ein großer Teil der Bevölkerung sich wegen solcher Aufführungen von Meisterwerken abwendet, fürchte ich, dass die Kultur im Untergang ist".

Technique de traduction : notez les différences

En français	En allemand
1. **L'époque de 68 – A l'époque de 68** Les années 80 – Dans les années 80	1. ***Die 68er-Zeit – Zur 68er-Zeit*** *Die achtziger Jahre – In den achtziger Jahren* *Die 80er Jahre – In den 80er Jahren*
Emploi du nombre cardinal	Emploi de l'adjectif invariable en *-er* dérivé du nombre cardinal
2. Si l'œuvre de Shakespeare est difficile, ce n'est pas... Le **si** marque ici l'**opposition**/la concession	2. ***Zwar*** *ist Shakespeares Werk schwierig,* ***aber****...* En allemand il ne se traduit pas forcément par *wenn* ici : *zwar ... , aber ...* (= certes..., mais ...)
3. **Cette sorte de mascarade** Usage de la préposition de	3. ***Diese Art Maskerade*** Simple juxtaposition
Cette sorte d'escroquerie culturelle Usage de la préposition de	***Diese Art kultureller Betrug/kulturellen Betrugs*** Le substantif *Betrug*, précédé d'un adjectif épithète, se trouve juxtaposé au même cas que *diese Art* (nom.) ou mis au génitif (style plus relevé)
Cette sorte d'escroquerie culturelle	***Diese Art von kulturellem Betrug*** On le trouve aussi introduit par la préposition *von*

14 – Inondations en Asie

Il y a quelques années, le Bangladesh **fut inondé**. Celui qui **survole** un pays inondé est impressionné par la **vue du désastre**, et tout ce qui s'offre à ses yeux n'est que malheur et **dévastation**. Tous ceux qui possédaient une maison sont devenus des **sans-abri** qui espèrent être sauvés par un **tronc d'arbre**, un pont ou le sommet d'une tour qui **émerge** encore des flots.

A perte de vue, des inondations effraient celui qui contemple la nature ainsi détruite et qui essaie de **faire une estimation de l'étendue des dégâts**. Le **sauveteur propose** à ceux qu'il rencontre un toit provisoire, des vêtements secs et les **denrées** les plus urgentes.

Mais de grandes parties du pays sont inondées et totalement **coupées de** tout contact avec les sauveteurs. Les experts tiennent ces inondations pour l'une des plus grandes catastrophes naturelles **qui aient jamais détruit** l'environnement. **En ce qui concerne** le Bangladesh, ils **expliquent** ces inondations en partie par **l'exploitation destructrice** des forêts de l'Himalaya.

En effet, l'abondante pluie de mousson **était** autrefois **absorbée** par les forêts qui étaient **comparables à** de gigantesques **éponges**. Ceux qui **ont déboisé** ces vastes **domaines** ont détruit un **équilibre** naturel qu'il est bien difficile de **rétablir**. Si les hommes ne **respectent** pas cet équilibre écologique fragile, la **planète** risque d'être **peu à peu** détruite par ses habitants.

Grammaire

La forme passive avec *werden*

Bangladesch wurde vor ein paar Jahren überschwemmt

Celui, celle qui...

Derjenige, der.../der, der... ; dasjenige, das.../das, das... ; diejenige, die.../ die, die...

Ceux ou celles qui...

Diejenigen, die.../die, die...

L'adjectif substantivé

Der Obdachlose, ein Obdachloser/die Obdachlosen, Obdachlose

La subordonnée conditionnelle

Beachten die Menschen dieses Gleichgewicht nicht, so kann unser Planet zerstört werden

Lexique

Ecologie

Catastrophes naturelles

Ligne à ligne

L. 01 **inonder :** überschwemmen/**l'inondation :** die Überschwemmung

L. 01 **survoler :** überfliegen (o, o)

L. 02 **la vue du désastre :** der Anblick der Katastrophe/**à la vue du désastre :** beim Anblick der Katastrophe/**par la vue du désastre :** durch den Anblick der Katastrophe

L. 03 **la dévastation :** die Verheerung/**dévaster :** verheeren

L. 04 **sans-abri :** obdachlos – le sans-abri : der Obdachlose
un sans-abri : ein Obdachloser

les sans-abri : die Obdachlosen/des sans-abri : Obdachlose (adj. subst.) voir Thèmes 6, 11, 15, 19 et 20

L. 04 **le tronc d'arbre :** der Baumstamm ("e)

L. 05 **émerger de, dépasser de :** von + dat. ragen

L. 07 **faire une estimation de, estimer, évaluer :** schätzen, ein-schätzen

L. 07 **l'étendue des dégâts :** das Ausmaß der Schäden

L. 07 **le sauveteur :** der Katstrophenhelfer (-)

L. 08 **proposer, offrir :** an-bieten (o, o)

L. 09 **les denrées, les vivres :** die Lebensmittel (pl.)

L. 10 **coupé de :** von + dat abgeschnitten

L. 12 **qui ait jamais détruit :** der/die/das je zerstört hat

L. 13 **en ce qui concerne qqc ou qqn :** was + acc. betrifft/anbelangt

L. 13 **expliquer qqc par qqc :** etwas auf + acc. zurück-führen
s'expliquer par : sich aus + dat. erklären

L. 14 **l'exploitation destructrice :** der Raubbau

L. 15 **absorber, aspirer :** auf-fangen (ä, i, a)

L. 16 **comparable à :** vergleichbar mit + dat.

L. 16 **l'éponge :** der Schwamm ("e)

L. 16 **déboiser :** ab-holzen

L. 17 **le domaine :** das Gebiet (-e)

L. 17 **l'équilibre :** das Gleichgewicht

L. 18 **rétablir :** wieder her-stellen

L. 18 **respecter :** beachten

L. 19 **la planète :** der Planet (-n, -n)

L. 19 **peu à peu, progressivement :** langsam ; **progressivement, par degrés :** schrittweise, stufenweise

Traduction proposée

Überschwemmungen in Asien

Vor einigen Jahren wurde Bangladesch überschwemmt. Derjenige, der ein überschwemmtes Land überfliegt, wird durch den Anblick der Katastrophe beeindruckt, und alles, was sich seinen Augen bietet, ist nur Unheil und Verheerung.

All diejenigen, die ein Haus besaßen, sind obdachlos geworden : sie hoffen darauf, von einem Baumstamm, einer Brücke oder der Spitze eines Turmes gerettet zu werden, der noch aus den Fluten ragt.

So weit das Auge reicht, erschrecken Überschwemmungen denjenigen, der die zerstörte Natur betrachtet und das Ausmaß der Schäden zu schätzen versucht. Der Katastrophenhelfer bietet denen/denjenigen, die er trifft, ein provisorisches Dach, trokkene Kleidung und die dringendsten Lebensmittel an.

Aber große Teile des Landes sind überschwemmt und von jedem Kontakt mit den Helfern völlig abgeschnitten. Die Experten halten diese Überschwemmungen für eine der größten Naturkatastrophen, die die Umwelt je zerstört haben. Was Bangladesch betrifft, so führen sie diese Überschwemmungen auf den Raubbau der Himalajawälder zurück.

Tatsächlich wurde der dichte Monsunregen einst von den Wäldern aufgefangen, die mit riesengroßen Schwämmen vergleichbar waren. Diejenigen, die diese weiten Gebiete abgeholzt haben, haben ein natürliches Gleichgewicht zerstört, das sehr schwierig wiederherzustellen ist. Beachten die Menschen dieses zerbrechliche ökologische Gleichgewicht nicht, so kann unser Planet von seinen Einwohnern langsam zerstört werden.

Technique de traduction : notez les différences

En français	En allemand
1. **A perte de vue** Expression abstraite	1. ***So weit das Auge reicht*** Expression concrète
2. **Le Bangladesh fut inondé** Forme passive avec être L'action est subie par le sujet, devient processus	2. ***Bangladesch wurde überschwemmt*** Forme passive avec *werden* L'action est subie par le sujet, devient processus
3. **De grandes parties du pays sont inondées** Le verbe être décrit un état de choses	3. ***Große Teile des Landes sind überschwemmt*** *überschwemmt* est pour ainsi dire attribut du sujet
4. **Si les hommes ne respectent pas l'équilibre...** Usage de la conjonction **si** pour la condition	4. ***Beachten die Menschen dieses Gleichgewicht nicht,...*** Pas obligatoire d'utiliser la conjonction en allemand. Ici, la subordonnée commence par le verbe On pourrait également avoir : *Wenn die Menschen dieses Gleichgewicht nicht beachten, so kann unser Planet zerstört werden.*
5. **Une des plus grandes catastrophes qui aient jamais détruit l'environnement** Subjonctif dans la relative	5. ***Eine der größten Katastrophen, die die Umwelt je zerstört haben*** Emploi de je dans la relative

15 – Touristes en Espagne

Les **touristes** étrangers **ont** littéralement **conquis** un petit village espagnol, jadis un simple **port de pêche**. Ce phénomène **a suscité** chez les **fonctionnaires** de la petite **commune** locale non seulement le désir de tirer profit de l'**affluence touristique**, mais aussi une **rage effrénée de construire**.

En peu de temps **ont surgi** d'énormes **complexes hôteliers**, de gigantesques **ensembles immobiliers** et des **résidences de vacances** monotones. Le béton a poussé, la plage est toujours là, mais **le paysage est abîmé**.

Devant cette dégradation croissante du paysage, des **gens du cru** ont fondé une **association de défense** pour **combattre les délits contre l'environnement**, **freiner** le boom de la construction et empêcher le développement de la délinquance. Ils veulent aussi sauver de l'**extinction** les **espèces animales qui existent encore** dans cette partie de l'Espagne.

En outre, ces **écologistes** déclarent que le **conseil municipal** compromet aussi bien la sécurité de ses administrés que leur santé. On n'a en effet **pris** aucune **mesure** contre la pollution des plages, les **hold-up** et les **vols avec effraction** ; on reproche au maire de fermer les yeux devant tous ces problèmes parce qu'il veut simplement encaisser de l'argent.

Sans avoir fondé de parti politique à l'image des Verts en Allemagne, ces **protestataires se sont engagés** pour la protection de leur environnement. Mais ils ne se soucient pas de faire école, ils n'ont fait que décider, s'il n'est pas trop tard, de résoudre le problème local urgent de leur petit port de pêche.

Peut-être qu'un jour, dans cette communauté villageoise, on verra quand même apparaître le parti des Verts !

Grammaire

La déclinaison de l'adjectif épithète

Die ausländischen Touristen
Riesige Apartmenthäuser
Das lokale Problem
Ihres kleinen Hafens

L'adjectif substantivé

Einheimische
die Beamten
die Alternativen

La proposition infinitive

Der Wunsch, Profit aus diesem Touristenstrom zu ziehen
Um die Umweltsünden zu bekämpfen
Ohne eine politische Partei gegründet zu haben

La forme passive avec *werden*

Gegen Überfälle wurden keine Maßnahmen ergriffen

Lexique

Le tourisme

Les problèmes de l'environnement

Ligne à ligne

L. 01 **le touriste :** der Tourist (-en,-en) ; der Feriengast ("e)

L. 01 **conquérir :** erobern

L. 02 **le port de pêche :** der Fischerhafen (")

L. 02 **susciter :** hervor-rufen (ie, u)

L. 02 **le fonctionnaire :** der Beamte/ein Beamter (adj. subst.)

L. 03 **la commune :** die Gemeinde (-n)

L. 03 **l'affluence touristique :** der Touristenstrom ("e)/der Strom ("e) : le cours d'eau, le courant

L. 04 **la rage de construire :** die Bauwut

L. 04 **effréné :** hemmungslos

L. 05 **surgir :** auf-tauchen (ist aufgetaucht)

L. 05 **le complexe hôtelier :** der Hotelkomplex (-e)

L. 06 **le grand ensemble immobilier :** das Apartmenthaus ("er)

L. 06 **la résidence de vacances :** die Feriensiedlung (-en)

L. 07 **abîmer le paysage :** die Landschaft zerschandeln/**la dégradation du paysage :** die Zerschandelung, Zerschandlung der Landschaft

L. 08 **les gens du cru, les autochtones :** die Einheimischen (adj. subst.) (voir Thèmes 6, 11, 14, 15, 19 et 20)

L. 09 **l'association de défense :** die Bürgerinitiative (-n)

L. 09 **combattre les délits de l'environnement :** die Umweltsünden bekämpfen

L. 10 **freiner, retarder :** auf-halten (ä, ie, a)

L. 11 **l'extinction :** das Aussterben/**s'éteindre, disparaître :** aus-sterben (i, a, o – ist ausgestorben)

L. 11 **les espèces animales existantes :** die bestehenden Tierarten

L. 13 **l'écologiste :** der Umweltschützer (-); der Alternative/ein Alternativer (adj. subst.)

L. 13 **le conseil municipal :** der Gemeinderat ("e)

L. 14 **prendre des mesures :** Maßnahmen ergreifen (i, i)

L. 15 **le hold-up :** der Überfall ("e)

L. 15 **le vol avec effraction :** der Einbruch ("e)

L. 18 **le protestataire :** der Protestler (-)

L. 19 **s'engager pour :** sich für + acc. ein-setzen

Traduction proposée

Touristen in Spanien

Die ausländischen Feriengäste haben ein kleines spanisches Dorf, einst einen einfachen Fischerhafen, förmlich erobert. Dieses Phänomen hat bei den Beamten der kleinen örtlichen Gemeinde nicht nur den Wunsch hervorgerufen, Profit aus diesem Touristenstrom zu ziehen, sondern auch eine hemmungslose Bauwut.

Ungeheure Hotelkomplexe, riesige Apartmenthäuser und eintönige Feriensiedlungen sind in kurzer/weniger Zeit aufgetaucht. Der Beton ist gewachsen, der Strand ist immer noch da, aber die Landschaft ist verschandelt/zerstört.

Vor dieser wachsenden Zerschandlung der Landschaft haben Einheimische eine Bürgerinitiative gegründet, um die Umweltsünden zu bekämpfen, den Bauboom aufzuhalten und die Verbreitung der Kriminalität zu verhindern. Auch wollen sie die in diesem Teil Spaniens noch bestehenden Tierarten vor dem Aussterben retten.

Außerdem erklären diese Umweltschützer, dass der Gemeinderat sowohl die Sicherheit der Bürger als auch ihre Gesundheit gefährdet. Gegen die Verschmutzung der Strände, gegen Überfälle und Einbrüche wurden nämlich keine Maßnahmen ergriffen. Dem Bürgermeister wird vorgeworfen, dass er vor all diesen Problemen die Augen schließt/schließe, weil er bloß Geld einkassieren will/wolle.

Ohne eine politische Partei nach dem Vorbild der Grünen in Deutschland gegründet zu haben, haben sich diese Protestler für den Schutz ihrer Umwelt eingesetzt. Sie legen aber keinen Wert darauf, Schule zu machen, sie haben nur beschlossen, wenn es nicht zu spät ist, das lokale und dringende Problem ihres kleinen Fischerhafens zu lösen.

Eines Tages wird in dieser Dorfgemeinschaft vielleicht doch eine Partei der Grünen entstehen!

Technique de traduction : notez les différences

En français	En allemand
1. **Les espèces animales qui existent encore dans cette partie de l'Espagne** Proposition relative	1. ***Die in diesem Teil Spaniens noch bestehenden Tierarten*** Proposition participiale épithète ou qualificative
2. **On reproche au maire** Forme active dont le sujet est le pronom indéfini on	2. ***Dem Bürgermeister wird vorgeworfen*** ***Es wird dem Bürgermeister vorgeworfen*** Forme passive impersonnelle = il est reproché Le sujet apparent ***es*** ne peut se placer qu'en tête de phrase
3. **Sauver de l'extinction** Avoir peur du danger Préposition **de**	3. ***Vor dem Aussterben retten*** *Vor der Gefahr Angst haben* Préposition ***vor*** + dat.
4. **Ils n'ont fait que décider** gallicisme : ne faire que + infinitif	4. ***Sie haben nur beschlossen*** = ils ont seulement décidé adverbe *nur* + verbe au temps désiré

16 - Mathias Rust

En août 1987, Mathias Rust, un jeune étudiant allemand qui ne réussissait pas dans ses études et qui était visiblement **en** dés**accord avec** la société et le **mode de vie** de la République Fédérale d'Allemagne de cette époque, **effectua un atterrissage** spectaculaire sur la Place Rouge, après **être entré** illégalement **en Union Soviétique** à bord d'un **avion de tourisme**.

Il avait tenté de vivre une **aventure**, mais prétendit plus tard qu'il avait voulu **faire œuvre de paix** et favoriser l'**entente** entre l'Est et l'Ouest. Bien entendu, ce jeune homme n'eut pas le droit de revenir en Allemagne, il fut **mis en accusation** et **traduit en justice** par les Soviétiques.

Le procès **se déroula** dans une immense salle où les parents de Rust durent rester durant trois jours pour attendre le **verdict** du tribunal. Lorsque le juge demanda à Rust s'il trouvait la **sentence justifiée**, Rust répondit que oui, mais il demanda aux Soviétiques s'ils pouvaient cependant le **gracier**. Bien que le jeune Allemand **eût** d'abord **été condamné** par les juges soviétiques à quatre ans de **camp de travail**, **sa peine fut réduite** à deux ans, et il fut finalement gracié.

En avril 1991, il **faisait** à nouveau **les gros titres des journaux**. La **cour d'assises de Hambourg** avait condamné Mathias Rust, l'ancien pilote de la Place Rouge, à deux ans et demi de prison pour **tentative de meurtre** sur une jeune infirmière. Le public accueillit par des huées ce jugement estimé par trop **clément**. Alors que le **parquet avait requis** huit ans de détention, la **défense, invoquant** les troubles psychologiques de son client, demandait une **peine avec sursis**. Les **expertises** psychiatriques avaient en effet pu **prouver** que Mathias Rust **souffrait** d'une « névrose narcissique » au moment des faits.

Depuis, on n'a plus jamais entendu parler de lui dans la presse.

Grammaire

Les verbes de modalité et le double infinitif

Er fragte die Sowjetrussen, ob sie ihn begnadigen konnten.
Die Gutachten hatten beweisen können, dass...
Er behauptete, dass er die Ost-West-Verständigung hatte fördern wollen.

■ Les subordonnées introduites par : *nachdem, dass, ob, obwohl, während, als*

■ La forme passive avec *werden*

Lexique

■ Les tribunaux et la justice

Ligne à ligne

L. 02 **en accord avec :** mit + dat. einverstanden

L. 02 **le mode de vie :** die Lebensart (-en)

L. 03-04 **effectuer un atterrissage :** eine Landung vollbringen (vollbrachte, hat vollbracht)

L. 04-05 **entrer en Union soviétique (en avion) :** in die Sowjetunion ein-fliegen (o, o, ist eingeflogen)

L. 05 **l'avion de tourisme :** das Sportflugzeug (-e)

L. 06 **l'aventure :** das Abenteuer (-)

L. 07 **faire œuvre de paix, œuvrer pour la paix :** (den) Frieden stiften

L. 07 **l'entente :** die Verständigung/**s'entendre, se comprendre :** sich mit + dat. verständigen

L. 08 **mettre qqn en accusation, accuser qqn (de qqc) :** jn (wegen + gén.) an-klagen

L. 09 **traduire qqn en justice :** jn vor Gericht stellen

L. 10 **se dérouler :** verlaufen (verläuft, verlief, ist verlaufen) ; sich abspielen

L. 11 **le verdict :** das Urteil (-e)

L. 12 **la sentence :** der Richterspruch ("e)

L. 12 **justifié :** berechtigt

L. 13 **gracier :** begnadigen

L. 14 **condamner qqn à :** jn zu + dat. verurteilen

L. 15 **le camp de travail :** das Arbeitslager (-)

L. 15 **réduire une peine à :** eine Strafe auf + acc. herab-setzen

L. 17 **faire les gros titres des journaux :** Schlagzeilen machen

L. 17 **la cour d'assises de Hambourg :** das Hamburger Schwurgericht

L. 19 **la tentative de meurtre sur qqn :** der Mordversuch an jm

L. 20 **clément, indulgent :** nachsichtig

L. 21 **le parquet :** die Staatsanwaltschaft

L. 21 **requérir, réclamer, exiger :** fordern

L. 21 **la défense :** die Rechtsanwaltschaft

L. 21 **invoquer, se réclamer de, se référer à :** sich auf + acc. berufen (ie, u)

L. 22 **une peine avec sursis :** eine Strafe mit Bewährung

L. 23 **l'expertise :** das Gutachten (-)

L. 23 **prouver :** beweisen (ie, ie)

L. 24 **souffrir de (maladie) :** an + dat. leiden (i, i)

Traduction proposée

Mathias Rust

Im August 1987 vollbrachte Mathias Rust, der erfolglos studierte und der mit der damaligen westdeutschen Lebensart und Gesellschaft offenbar nicht einverstanden war, eine spektakuläre Landung auf dem Roten Platz, nachdem er an Bord eines Sportflugzeugs illegal in die Sowjetunion eingeflogen war.

Er hatte versucht, ein Abenteuer zu erleben, behauptete aber später, dass er Frieden stiften und die Ost-West-Verständigung hatte/habe fördern wollen. Selbstverständlich durfte der junge Mann nicht nach Deutschland zurückkehren, er wurde von den Sowjets angeklagt und vor Gericht gestellt.

Der Prozess verlief/spielte sich in einem riesigen Saal ab, in dem Rusts Eltern drei Tage lang bleiben mussten, um auf das Urteil zu warten. Als der Richter Rust fragte, ob er den Richterspruch für berechtigt hielt, antwortete Rust mit ja, bat aber die Sowjets, ihn trotzdem zu begnadigen. Obwohl der junge Deutsche zuerst von den sowjetischen Richtern zu vier Jahren Arbeitslager verurteilt worden war, wurde seine Strafe auf zwei Jahre herabgesetzt. Schließlich wurde er begnadigt.

Im April 1991 machte er wieder Schlagzeilen. Das Hamburger Schwurgericht hatte Mathias Rust, den früheren Piloten des Roten Platzes, zu zweieinhalb Jahren Gefängnis wegen Mordversuchs an einer jungen Krankenschwester verurteilt. Das Publikum empfing dieses für allzu nachsichtig gehaltene Urteil mit einem heftigen Aufschrei. Während die Staatsanwaltschaft acht Jahre Haft gefordert hatte, berief sich die Rechtsanwaltschaft auf die psychologischen Beschwerden ihres Klienten und bat um eine Strafe mit Bewährung. Die psychiatrischen Gutachten hatten tatsächlich beweisen können, dass Mathias Rust an einer „narzisstischen Neurose" litt, als der Vorfall geschehen war.

Seitdem hat man in der Presse nie mehr von ihm gehört.

Technique de traduction : notez les différences

En français

1. **qui ne réussissait pas dans ses études**

2. **Après être entré en Union Soviétique**
Infinitif passé, pas de sujet exprimé

3. **Il invoque** les troubles de son client
Verbe transitif + COD

4. **Ce jugement estimé par trop clément**
Ordre des mots français
Participe épithète après le nom

En allemand

1. ***der erfolglos studierte*** (= étudiait sans succès)

2. ***Nachdem er in die Sowjetunion eingeflogen war***
Sujet exprimé et verbe conjugué

3. ***Er beruft sich auf*** *die Beschwerden seines Klienten*
Verbe à construction prépositionnelle (= rection)

4. ***Dieses für allzu nachsichtig gehaltene Urteil***
Ordre des mots allemands
Participe épithète avant le nom

17 – L'enfer des touristes

Plus les agences de voyage **font de publicité pour** les **îles ensoleillées**, plus les touristes **se hâtent** d'y **réserver** chambres d'hôtel et bungalows. Plus les Allemands **ont souffert de** la **neige** et du **gel**, plus ils aiment voyager vers des pays chauds et lointains. Plus les Anglais ont eu à **supporter brouillard** et **pluie**, plus ils trouvent attirantes les **plages** exotiques et la mer bleue.

Mais le tourisme de masse **entraîne** bien souvent des conséquences **fâcheuses**. Pour commencer, il faut **reconnaître** que les **promoteurs immobiliers exploitent** la **passion** des touristes pour la chaleur et le soleil. Ainsi, ils font construire dans les « îles du soleil » de gigantesques **complexes hôteliers** et des résidences de vacances sans caractère où peuvent **être logés** d'innombrables vacanciers. En conséquence, ceux-ci retrouvent dans le lieu de vacances si **désiré** exactement les mêmes problèmes que dans les grandes villes européennes : la **« foire »,** le bruit, la foule, les **files d'autobus** interminables, **sans compter** les **encombrements de la circulation**. Un véritable enfer pour tous ces gens qui se mettent alors à **déchanter**.

Un second facteur **entre** aussi **en ligne de compte** : la **disproportion** entre le prix et la qualité. Le **rapport qualité-prix**, excellent au départ, était encore récemment un des **atouts** des agences de voyage et des **hôteliers**. Mais il s'est d'autant plus dégradé que les **responsables de l'industrie du tourisme** ne songent qu'à leur profit. Plus ils gagnent d'argent, plus ils en veulent. La plupart d'entre eux trouvent dans la **branche du tourisme** une très bonne **source de revenus**, du coup tout se passe comme s'ils avaient oublié que les vacanciers ont besoin de repos. Il risque d'**y avoir un retour de bâton**.

Grammaire

La comparaison : *Je mehr... desto mehr...* (Plus.... plus...)

Je mehr die Reiseagenturen für die sonnigen Inseln werben, desto mehr Touristen beeilen sich, dorthin zu fahren.
Je mehr Geld sie verdienen, desto mehr erhoffen sie sich.

Um so mehr, als... (D'autant plus que...)

Das Preis-Leistung-Verhältnis ist um so schlechter geworden, als...

Als ob + subj. II... (Comme si ...)

Es ist, als ob sie vergessen hätten/es ist, als hätten sie vergessen

Lexique

Tourisme et voyages

Ligne à ligne

L. 01 **faire de la publicité pour :** für + acc. werben (i, a, o)

L. 01 **les îles ensoleillées :** die sonnigen Inseln/**l'île :** die Insel (-n)

L. 02 **se hâter :** sich beeilen

L. 02 **réserver :** buchen

L. 03 **souffrir de** (d'un mal extérieur) : leiden (i, i) unter + dat.

L. 03 **la neige :** der Schnee ; **le gel :** der Frost

L. 04 **supporter :** ertragen (ä, u, a)

L. 04 **le brouillard :** der Nebel (-) ; **la pluie :** der Regen

L. 05 **la plage :** der Strand ("e)

L. 06 **entraîner :** mit sich bringen (brachte, gebracht), nach sich ziehen (o,o)

L. 06 **fâcheux, désagréable, importun :** lästig

L. 07 **reconnaître, concéder :** zu-geben (i, a, e)

L. 07 **le promoteur immobilier :** der Bauunternehmer (-)

L. 07 **exploiter, tirer le meilleur parti de, utiliser au mieux :** aus-nutzen, aus-nützen

L. 08 **la passion :** die Leidenschaft (-en)

L. 09 **le complexe hôtelier :** der Hotelkomplex (-e)

L. 10 **loger :** unter-bringen (brachte unter, untergebracht)

L. 11 **désiré :** erwünscht

L. 13 **la « foire » :** der Touristenrummel ; **la fête foraine :** der Rummelplatz ("e)

L. 13 **la file d'autobus :** die Buskarawane (-n)

L. 13 **sans compter, sans parler de :** von + dat. ganz zu schweigen

L. 14 **les encombrements de circulation :** die Verkehrsstockungen

L. 15 **déchanter :** enttäuscht sein, die Begeisterung verlieren (o, o)

L. 16 **entrer en ligne de compte :** zu berücksichtigen sein

L. 16 **la disproportion :** das Missverhältnis

L. 17 **le rapport qualité-prix :** das Preis-Leistung-Verhältnis

L. 18 **l'atout :** der Trumpf ("e)

L. 18 **l'hôtelier :** der Hotelbesitzer (propriétaire) ; der Hotelinhaber (gérant)

L. 19 **le responsable de l'industrie du tourisme :** der Touristikunternehmer

L. 21 **la branche du tourisme :** die Tourismusbranche

L. 21 **la source de revenus :** die Geldquelle (-n)

L. 23 **y avoir un retour de bâton, se venger de :** sich an + dat. rächen

Traduction proposée

Die Hölle der Touristen

Je mehr die Reiseagenturen für die sonnigen Inseln werben, desto mehr beeilen sich die Touristen, Hotelzimmer und Bungalows dort zu buchen. Je mehr die Deutschen unter Schnee und Frost gelitten haben, desto lieber reisen sie in ferne warme Länder. Je mehr die Engländer Nebel und Regen zu ertragen hatten, desto attraktiver finden sie die exotischen Strände und das blaue Meer.

Aber der Massentourismus bringt öfters lästige Folgen mit sich. Zunächst muss man zugeben, dass die Bauunternehmer die Leidenschaft der Feriengäste für Wärme und Sonne ausnützen. So lassen sie auf diesen „Sonneninseln" riesengroße Hotelkomplexe und charakterlose Feriensiedlungen bauen, in denen unzählige Urlauber untergebracht werden können. Infolgedessen finden diese in dem so heiß erwünschten Ferienort genau die gleichen Probleme wieder wie in den europäischen Großstädten : der Touristenrummel, der Lärm, die Menschenmenge, die endlosen Buskarawanen, von den Verkehrsstockungen ganz zu schweigen. Eine echte Hölle für alle diese Menschen, die dann recht enttäuscht sind.

Ein zweiter Faktor ist auch zu berücksichtigen : das Missverhältnis zwischen Preis und Leistung. Das Preis-Leistung-Verhältnis, ursprünglich ausgezeichnet, war noch vor kurzem einer der Trümpfe der Verkehrsbüros und der Hotelbesitzer. Es ist aber um so schlechter geworden, als die Touristikunternehmer nur an ihren Profit denken. Je mehr Geld sie verdienen, desto mehr erhoffen sie sich. Die meisten finden in der Tourismusbranche eine sehr gute Geldquelle ; es sieht ganz so aus, als hätten sie vergessen, dass die Urlauber Erholung brauchen. Dies könnte sich an ihnen rächen.

Technique de traduction : notez les différences

En français	En allemand
1. **Pour commencer, il faut reconnaître ...** **En conséquence, les vacanciers retrouvent ...** Le complément placé en tête est isolé du reste de la phrase par une virgule.	1. ***Zunächst muss man ...*** ***Infolgedessen finden die Urlauber ...*** Le complément placé en tête est suivi du verbe, lui-même suivi du sujet. Pas de virgule
2. **D'innombrables personnes** **De gigantesques complexes hôteliers** L'article indéfini existe au pluriel	2. ***Unzählige Personen*** ***Riesengroße Hotelkomplexe*** Pas d'article indéfini au pluriel C'est l'adjectif qui porte la marque du cas
3. **Tout se passe comme s'ils avaient oublié** **On dirait qu'ils ont oublié** En français, indicatif après **comme si** et après **on dirait que**	3. ***Es sieht aus, als hätten sie vergessen*** Subjonctif II après ***als ob***... ou ***als*** + verbe

18 – Grégoire Mendel

Les **lois** de l'**hérédité** furent découvertes et formulées par un Autrichien, Johann Mendel. Le père de Johann était un pauvre **paysan** originaire des Sudètes, mais comme son fils était un enfant très **doué**, il **fit des sacrifices** et des économies pour pouvoir l'envoyer à l'école.

A l'âge de vingt-et-un ans (on était en 1843), Johann **choisit** la vie monastique et il entra au couvent des Augustins à Brünn, capitale de la Moravie. Il porta désormais le nom ecclésiastique de « Frère Grégoire ». On lui **confia** le jardinage parce qu'il avait un grand **amour pour** la nature et pour les plantes.

En même temps, il étudia la théologie pour **se faire ordonner prêtre** – en 1847. Mais il **se consacra** aussi **à la physique** qu'il devait bientôt **enseigner** au collège de Brünn. Ainsi il continua à vivre dans la communauté des moines, sachant parfaitement **concilier** sa **charge d'enseignant** et ses devoirs monastiques.

C'est en 1856 qu'il commença à **faire des expériences sur** des pois pour en étudier la reproduction. Il **consigna** toutes ses observations. Au bout de huit longues années d'expérimentation et de réflexion, Grégoire Mendel parvint à formuler les lois **fondamentales** de l'hérédité. C'est lui qui créa les termes de « caractère récessif » et de « caractère dominant ».

Cependant ses **contemporains** et surtout ses **compatriotes** le prirent pour un aimable rêveur qui avait **perdu** son temps à des **amusettes au milieu de** ses plate-bandes de petits pois. Lorsque Frère Grégoire **communiqua** les **résultats** de ses recherches à la Société Scientifique de Brünn, les auditeurs **applaudirent** chaleureusement, mais ne comprirent pas l'importance de son rapport, lequel **échoua** dans la bibliothèque locale et **tomba** dans l'oubli.

En 1900, trois biologistes européens **tombèrent** par hasard **sur** le rapport de Grégoire Mendel. Ils reconnurent immédiatement l'importance capitale de ses **conclusions** qui prirent le nom de « lois de Mendel ». C'est seulement après sa mort que notre bon moine fut enfin reconnu comme le pionnier de la génétique moderne.

Grammaire

La proposition infinitive – L'infinitif avec *zu*

Er wusste sein Lehramt mit seinen Klosterpflichten zu vereinbaren
Er begann, Experimente an Erbsen durchzuführen

L'infinitif substantivé

das Experimentieren : le fait d'expérimenter, les expérimentations
das Nachdenken : le fait de réfléchir, la réflexion, la méditation

Lexique

Formation et éducation, science et scolarité

Ligne à ligne

L. 01 **la loi :** das Gesetz (-e)/**l'hérédité :** die Vererbung

L. 02 **le paysan :** der Bauer (-n,-n)

L. 03 **doué :** begabt/**le don :** die Gabe (-n)

L. 03 **faire des sacrifices, se restreindre :** sich ein-schränken

L. 05 **choisir, se décider, opter pour :** sich für + acc. entscheiden (ie, ie)

L. 07 **confier un travail à qqn, charger qqn d'un travail :** jn mit einer Arbeit betrauen, beauftragen

L. 08 **l'amour pour, de :** die Liebe zu + dat.

L. 09 **se faire ordonner prêtre :** zum Priester geweiht werden
weihen : consacrer

L. 10 **se consacrer à la physique :** sich der Physik widmen

L. 10 **enseigner, donner des cours :** unterrichten

L. 12 **1. concilier, rendre compatible 2. convenir de :** vereinbaren (tr.)

L. 12 **la charge, la fonction d'enseignant :** das Lehramt

L. 14 **faire, effectuer une expérience sur :** ein Experiment an + dat.durchführen

L. 15 **consigner, noter :** verzeichnen

L. 17 **fondamental, capital :** grundlegend

L. 19 **le contemporain :** der Zeitgenosse (-n, -n)

L. 19 **le compatriote :** der Landsmann (-leute)

L. 20 **perdre, gaspiller :** vertun (a, a)

L. 20 **l'amusette :** die Spielerei (-en)

L. 20 **au milieu de :** inmitten + gén./mitten in + dat. ou acc.

L. 21 **communiquer qqc à qqn, faire part à qqn de qqc :** jm etwas mitteilen

L. 21 **le résultat :** das Ergebnis (-se)

L. 22 **applaudir :** Beifall klatschen ; **applaudir qqn :** jm applaudieren

L. 24 **échouer, atterrir :** landen (ist gelandet)

L. 24 **tomber dans, se fourvoyer dans :** in + acc. geraten (ä, ie, a - ist geraten)

L. 25 **tomber sur, se heurter à :** auf + acc. stoßen (ö, ie, o - ist gestoßen)

L. 27 **la conclusion :** die Schlussfolgerung (-en)/conclure qqc de : etwas aus + dat. folgern

Traduction proposée

Gregor Mendel

Die Vererbungsgesetze wurden von einem Österreicher, Johann Mendel, entdeckt und formuliert. Johanns Vater war ein armer Bauer aus dem Sudetenland, aber da sein Sohn ein hochbegabtes Kind war, schränkte sich der Vater ein und sparte, um ihn zur Schule schicken zu können.

Mit einundzwanzig Jahren – es war im Jahre 1843 – entschied sich Johann für das Klosterleben und trat ins Augustinerkloster in Brünn, der Hauptstadt Mährens, ein. Er trug von nun an den geistlichen Namen „Bruder Gregor". Er wurde mit der Gartenarbeit betraut, weil er eine große Liebe zur Natur und zu den Pflanzen hatte.

Gleichzeitig studierte er Theologie, um 1847 zum Priester geweiht zu werden. Aber er widmete sich auch der Physik, die er bald in einer Brünner Oberrealschule unterrichten sollte. So lebte er in der Brudergemeinschaft weiter und wusste sein Lehramt vollkommen mit seinen Klosterpflichten zu vereinbaren.

1856 begann er, Experimente an Erbsen durchzuführen, um deren Fortpflanzung zu studieren. Er verzeichnete alle seine Beobachtungen. Nach acht langen Jahren des Experimentierens und des Nachdenkens gelang es Gregor Mendel, die grundlegenden Vererbungsgesetze zu formulieren. Er war es, der die Merkmale „rezessiv" und „dominant" schuf.

Jedoch hielten ihn seine Zeitgenossen und seine Landsleute für einen freundlichen Träumer, der mit Spielereien inmitten seiner Erbsenbeete seine Zeit vertan hatte. Als Bruder Gregor die Ergebnisse seiner Forschungen der wissenschaftlichen Brünner Gesellschaft mitteilte, klatschten die Zuhörer herzlich Beifall, verstanden aber nicht die Bedeutung seines Berichtes, der in der örtlichen Bibliothek landete und in Vergessenheit geriet.

1900 stießen drei europäische Biologen zufällig auf Gregor Mendels Bericht. Sie erkannten sofort, wie grundlegend seine Schlussfolgerungen waren, welche die „Mendelschen Gesetze" genannt wurden. Erst nach seinem Tod wurde unser guter Mönch endlich als Pionier der modernen Genetik anerkannt.

Technique de la traduction : notez les différences

En français

1. **Rection du nom**
L'amour pour la nature, l'amour de la nature
L'amour du moine pour les plantes

2. **Rection du verbe**
Faire des expériences sur des petits pois
Charger quelqu'un du jardinage
Prendre quelqu'un pour un rêveur

3. **Où ?**
Echouer, atterrir dans la bibliothèque locale
Dans introduit le complément de lieu sans spécifier

4. **Où ?**
Le rapport tomba dans l'oubli
L'homme se fourvoie dans une impasse
Dans introduit le complément de lieu sans spécifier

5. Il habitait **à Brünn, capitale de la Moravie**
En français, le nom en apposition reste tel quel

En allemand

1. **Rection du nom**
Die Liebe zur Natur
Die Liebe des Mönches zu den Pflanzen

2. **Rection du verbe**
An Erbsen experimentieren (*an* + dat.)
Jemanden mit der Gartenarbeit betrauen, beauftragen
Jemanden für einen Träumer halten

3. **Wo ?**
In der lokalen Bibliothek landen
In est suivi du datif, le complément est celui du lieu où l'on est (*wo landete der Bericht ?*)

4. **Wohin ?**
Der Bericht geriet in Vergessenheit
Der Mann gerät in eine Sackgasse
In est suivi de l'accusatif, le complément est celui du lieu où l'on va (*wohin geriet der Bericht ?*)

5. Er wohnte ***in Brünn, der Hauptstadt Mährens***
Le nom en apposition est ici au datif, il se met au cas imposé ici par la préposition ***in***

19 – A Lambaréné

Il est intéressant d'aller à Kaysersberg en **Alsace** pour visiter le musée qui nous raconte l'histoire du Docteur Schweitzer. Celui-ci consacra en effet presque toute sa vie aux **indigènes** de Lambaréné et on peut dire qu'il fut le premier « médecin sans frontières ».

Il n'est que de voir comment **se déroule** pour lui une journée à Lambaréné. Un journaliste, Woytt-Secretan, le décrit dans toutes ses **activités** quotidiennes. Vêtu d'une veste blanche et d'un pantalon de travail jaune, Albert Schweitzer fait sonner une cloche juste avant midi pour appeler les Noirs au travail. De toutes parts, les indigènes arrivent pour construire l'hôpital dont le fondateur et médecin leur **est** si **proche**. Le Docteur Schweitzer reste **parmi** eux et **donne un bon coup de main**, mais de temps en temps il est appelé par une **infirmière** pour **ausculter** un indigène ou **prescrire** une **ordonnance**.

Toute la journée, il travaille à et dans cet hôpital dont il a toujours rêvé. Après son dîner, qui est pris en une demi-heure, il **se rend** dans sa chambre pour jouer du piano et lire les lettres qu'il a reçues le jour-même. Il **commence** presque tous les soirs par une fugue de Bach, c'est sa manière de **prier** et de trouver un peu de repos et de **recueillement**. Mais ensuite, son occupation principale est de lire le courrier qui **s'est accumulé**.

En effet, ce dernier est **vital** pour lui, car certaines missives **contiennent** des **informations importantes** : une organiste écrit par exemple de Suisse pour lui annoncer que l'**importante** somme qu'elle lui **verse** et dont il peut **disposer** pour son hôpital, provient de ses derniers concerts. Un instituteur d'Honolulu lui envoie l'argent que ses petits élèves ont économisé pendant toute l'année. Enfin, un **prix** de littérature venant de lui **être attribué**, il apprend qu'il va **recevoir** cinq mille francs. Grâce à cet argent, Albert Schweitzer peut penser à construire de nouveaux baraquements, l'un pour les malades graves, l'autre pour des lépreux.

Enfin il se lève pour aller voir ce que devient un Noir qu'il a opéré hier. Apercevant le malade qui repose tranquillement, le docteur **se retire** pour aller dormir. Il va **reprendre des forces**, car demain l'attend une nouvelle tâche.

Grammaire

L'adjectif substantivé

Die Eingeborenen – die Schwerkranken – Leprakranke (voir Thèmes 6, 11, 14, 15 et 20)

La proposition relative

Das Krankenhaus, von dem er immer geträumt hat
Die Summe, die sie ihm überweist und über die er verfügen kann
Das Geld, das von seinen Schülern gespart wurde
Der Schwarze, den er operiert hat

La proposition participiale épithète ou qualificative

Die am selben Tag erhaltenen Briefe
Er erblickt den ruhig liegenden Kranken

Rection du verbe et annonce de la proposition qui suit

in + dat. bestehen : Seine Hauptbeschäftigung besteht darin, die Post zu lesen.
an + acc. denken : Dr.Schweitzer kann daran denken, neue Baracken zu bauen.

Lexique

La médecine et les hôpitaux

Ligne à ligne

L. 01 **l'Alsace :** das Elsass

L. 03 **les indigènes :** die Eingeborenen (adj. subst.)

L. 05 **se dérouler, se passer :** verlaufen (äu, ie, ist verlaufen)

L. 06 **l'activité :** die Tätigkeit (-en)

L. 10 **être proche de qqn :** jm nahe-stehen (a, a)

L. 10 **parmi, au milieu de :** unter + dat. (wo ?) - unter + acc. (wohin ?)

L. 10 **donner un coup de main :** mit-helfen (i, a, o)

L. 11 **l'infirmière :** die Krankenpflegerin (-nen), die Krankenschwester (-n)

L. 12 **ausculter, examiner :** untersuchen

L. 12 **prescrire :** verschreiben (ie, ie)

L. 12 **l'ordonnance :** das Rezept (-e)

L. 14 **se rendre :** sich begeben (i, a, e) (wohin ?)

L. 15 **commencer par :** mit + dat. beginnen (a, o)

L. 16 **prier :** beten/**prier Dieu :** zu Gott beten

L. 17 **le recueillement :** die Andacht

L. 18 **s'accumuler :** sich an-sammeln

L. 19 **vital, d'intérêt vital, très important :** lebenswichtig

L. 19 **contenir :** enthalten (ä, ie, a)

L. 20 **l'information :** die Information (-en), die Mitteilung (-en), die Nachricht (-en)

L. 20 **important, significatif :** bedeutend/**die Bedeutung :** la signification, l'importance

L. 21 **importante, forte, considérable :** erheblich

L. 21 **verser** (une somme) : überweisen (ie, ie)

L. 21 **disposer de :** über + acc. verfügen

L. 24 **attribuer un prix à qqn :** jm einen Preis verleihen (ie, ie)

L. 24 **recevoir :** erhalten (ä, ie, a) ; empfangen (ä, i, a)

L. 29 **se retirer :** sich zurück-ziehen (o, o)

L. 30 **reprendre des forces :** neue Kräfte schöpfen

Traduction proposée

In Lambarene

Interessant ist es, nach Kaysersberg im Elsass zu gehen, um das Museum zu besichtigen, das uns die Geschichte von Doktor Schweitzer lebendig macht. Dieser widmete nämlich den Eingeborenen von Lambarene fast sein ganzes Leben und man kann sagen, dass er der erste „Arzt ohne Grenzen" war.

Man braucht nur zu erfahren, wie ein Tag für ihn in Lambarene verläuft. Ein Journalist, Woytt-Secretan, beschreibt ihn bei allen seinen täglichen Tätigkeiten. In weißer Jacke und gelber Arbeitshose schlägt Albert Schweitzer kurz vor Mittag an eine Glocke, um die Schwarzen zur Arbeit zu rufen. Von allen Seiten kommen die Eingeborenen herbei, um das Krankenhaus zu errichten, dessen Gründer und Arzt ihnen so nahesteht. Doktor Schweitzer bleibt unter ihnen und hilft eifrig mit, aber ab und zu wird er von einer Krankenpflegerin abgerufen, um einen Eingeborenen zu untersuchen oder ein Rezept zu verschreiben.

Er arbeitet den ganzen Tag an und in diesem Krankenhaus, von dem er immer geträumt hat. Nach dem Abendessen, das in einer halben Stunde erledigt ist, begibt er sich in sein Zimmer, um Klavier zu spielen und die am selben Tag erhaltenen Briefe zu lesen. Fast jeden Abend beginnt er mit einer Fuge von Bach, es ist seine Art zu beten, und ein wenig Ruhe und Andacht zu finden. Dann besteht seine Hauptbeschäftigung darin, die angesammelte Post zu lesen.

Tatsächlich ist diese für ihn lebenswichtig, denn gewisse Briefe enthalten bedeutende Nachrichten : zum Beispiel schreibt eine Organistin aus der Schweiz, um ihm mitzuteilen, dass die erhebliche Summe, die sie ihm überweist und über die er für sein Krankenhaus verfügen kann, von ihren letzten Konzerten herkommt. Ein Lehrer aus Honolulu schickt ihm das Geld, das von seinen kleinen Schülern ein ganzes Jahr lang/während des ganzen Jahres gespart wurde. Zuletzt erfährt er, dass er fünftausend Francs erhalten wird, da ihm ein Literaturpreis verliehen worden ist. Dank dieses Geldes kann Doktor Schweitzer daran denken, neue Baracken zu bauen, eine für die Schwerkranken, eine andere für Leprakranke.

Endlich steht er auf, um nach einem Schwarzen zu sehen, den er gestern operiert hat. Den ruhig liegenden Kranken erblickend, zieht sich der Doktor zurück, um schlafen zu gehen. Er will neue Kräfte schöpfen, denn morgen erwartet ihn ein neues Tagewerk.

Technique de traduction : notez les différences

En français	En allemand
1. Un prix de littérature **venant de lui être attribué...**	1. ***Da*** *ihm ein Literaturpreis* ***eben verliehen wurde,...***
Le participe présent exprime ici la cause	L'allemand dit explicitement : **Comme** un prix de littérature vient de lui être attribué,...
Expression participiale en apposition	Proposition subordonnée avec conjonction, sujet exprimé et verbe conjugué
2. **Les lettres qu'il a reçues le jour-même** Proposition relative Les lettres sont l'antécédent du pronom relatif	2. ***Die am selben Tag erhaltenen Briefe*** Proposition qualificative ou participiale avec un participe II (***erhalten*** = reçu) épithète de ***Briefe***
3. **Le malade qui repose tranquillement** Proposition relative Le malade est l'antécédent du pronom relatif	3. ***Der ruhig liegende Kranke*** Proposition qualificative ou participiale avec un participe I (***liegend*** = gisant, couché) épithète de ***Kranke***
4. **Apercevant le malade,** le docteur se retire	4. ***Den Kranken erblickend,*** zieht sich der Doktor zurück
Le participe présent **apercevant** est en apposition à **le docteur**. Il est placé en tête de la proposition participe.	Le participe I ***erblickend*** est en apposition à ***der Doktor***. Il est placé à la fin du groupe participial.

20 – Jeunes consommateurs

Un journaliste qui **a regroupé** les résultats d'une enquête fort **instructive** sur la jeunesse allemande d'aujourd'hui tâche d'en **faire le bilan** et de nous **éclairer** ainsi sur la mentalité de ces jeunes. Il explique que beaucoup de jeunes Allemands ont plaisir à **dépenser**, mais rarement à **gaspiller** l'argent car ils savent **apprécier** la qualité de vie.

Ils savent très bien que toutes les choses dont ils ont envie (vêtements, voyages, véhicules) sont **coûteuses**. Ils n'ont pas connu l'époque de l'après-guerre et sa **pénurie**, mais ils ont bien conscience que rien ne leur **tombera tout rôti dans le bec**. Ils ont compris qu'il faut gagner de l'argent pour **s'offrir** ces plaisirs. Pour faire une **croisière** de quinze jours, ils sont prêts à travailler pendant au moins six mois.

Beaucoup souhaitent d'abord voyager vers des pays lointains. Comme les jeunes romantiques qui se **mettaient en route** un matin, après avoir **fait leur baluchon**, ils aspirent à l'évasion : fuir la morosité de la vie quotidienne. Les romantiques appelaient cela la « Wanderlust », la **« vie vagabonde »**. Cette marche de ville en ville les délivrait pour quelque temps de l'ennui et de la monotonie de la vie prosaïque, mais ils revenaient parfois au pays sans un sou et totalement découragés. Seul le Taugenichts d'Eichendorff s'est, paraît-il, follement amusé !

Aujourd'hui, le **goût du confort** joue un rôle **prédominant**. Beaucoup de jeunes désirent avant tout faire un voyage autour du monde ou une croisière sur un bateau de luxe : pourquoi ? pour **se laisser dépayser** par des paysages exotiques, mais aussi pour se faire servir par des hôtesses et mener pour un moment la vie d'un millionnaire.

Certains d'entre eux considèrent ce **confort matériel** comme un idéal et ne peuvent alors plus **s'en passer**. Aussi curieux que cela puisse paraître, voyage et croisière sont devenus pour eux le **symbole d'un niveau de vie** auquel ils **aspirent sans réserve**. Mais ils ne **réalisent** pas qu'ils **sont pris au piège** et que ce luxe n'est qu'illusion.

Grammaire

L'adverbe démonstratif rappelle ce dont on vient de parler

Ein Journalist hat die Ergebnisse einer Umfrage zusammengefasst.

Er versucht, Bilanz daraus zu ziehen (Bilanz aus + dat. ziehen)

Il tâche d'en faire le bilan (*daraus :* de cela, en)

L'adverbe démonstratif annonce la proposition qui va suivre

Sa forme dépend de la préposition utilisée avec le nom (rection du nom), le verbe (rection du verbe) ou l'adjectif dont il dépend (rection de l'adjectif)
Die meisten jungen Deutschen haben Spaß daran, Geld auszugeben
Sie sehnen sich danach, aus dem Alltag zu fliehen
Sie sind dazu bereit, sechs Monate lang zu arbeiten

Le pronom neutre *dessen* (gén.) annonce la proposition qui va suivre

Sie sind sich dessen bewusst, dass ihnen nichts in den Schoß fallen wird (sich + gén. bewusst sein)

Expression de la concession

So merkwürdig es auch aussehen mag, Reise und Kreuzfahrt sind ein Statussymbol geworden

Déclinaison de l'adjectif épithète après les pronoms indéfinis au pluriel : *wenige, mehrere, einige, viele, manche*

Viele Jugendliche
Viele junge Deutsche
Wenige junge Deutsche

Lexique

Voyages

Société de consommation

Ligne à ligne

L. 01 **regrouper :** zusammen-fassen

L. 01 **instructif :** aufschlussreich

L. 02 **faire le bilan de :** Bilanz aus + dat. ziehen (o, o)

L. 02 **éclairer qqn sur, informer qqn de :** jn über + acc. auf-klären

L. 04 **dépenser :** aus-geben (i, a, e)

L. 04 **gaspiller :** verschwenden

L. 04 **apprécier :** schätzen

L. 07 **coûteux :** kostspielig

L. 08 **la pénurie :** die Not, der Mangel

L. 08 **tomber tout rôti dans le bec de qqn :** jm in den Schoß fallen (ä, ie, a)

L. 09 **s'offrir qqc, s'accorder qqc :** sich etwas gönnen ; **se permettre qqc, se payer qqc :** sich etwas leisten

L. 10 **la croisière :** die Kreuzfahrt (-en)

L. 13 **se mettre en route :** auf-brechen (i, a, o)

L. 13 **faire son baluchon :** sein Bündel packen

L. 15 **la « vie vagabonde » :** das Vagabundentum

L. 20 **le goût du confort :** die Neigung zum Konfort

L. 20 **prédominant :** überwiegend

L. 22 **se laisser dépayser, surprendre :** sich überraschen lassen

L. 25 **le confort matériel :** der Wohlstand

L. 26 **se passer de qqc :** etwas (acc.) entbehren

L. 27 **le symbole d'un niveau de vie :** das Statussymbol (-e)

L. 28 **aspirer à :** nach + dat. streben

L. 28 **sans réserve :** vorbehaltlos

L. 28 **réaliser qqc, se rendre compte de qqc :** sich klar machen

L. 28 **être pris au piège :** in eine Falle geraten (ä, ie, a) (cf. Thème 18, in Vergessenheit geraten)

Traduction proposée

Junge Konsumenten

Ein Journalist, der die Ergebnisse einer recht aufschlussreichen Umfrage über die heutige deutsche Jugend zusammengefasst hat, versucht, Bilanz daraus zu ziehen und uns über die Mentalität dieser Jugendlichen aufzuklären. Er erklärt, dass viele junge Deutsche Spaß daran haben, Geld auszugeben, selten aber daran, es zu verschwenden, denn sie wissen die Lebensqualität zu schätzen.

Sie wissen genau, dass alle Dinge, die sie sich wünschen (Kleidung, Reisen, Fahrzeuge), kostspielig sind. Sie haben die Not/den Mangel der Nachkriegszeit nicht erlebt, aber sie sind sich dessen bewusst, dass ihnen nichts in den Schoß fallen wird. Sie haben verstanden, dass man Geld verdienen muss, um sich diese Freuden zu gönnen. Um eine vierzehntägige Kreuzfahrt zu machen, sind sie bereit, wenigstens sechs Monate lang zu arbeiten,

Viele möchten an erster Stelle in ferne Länder reisen. Wie die jungen Romantiker, die eines Morgens aufbrachen, nachdem sie ihr Bündel gepackt hatten, sehnen sie sich danach, aus dem düsteren Alltag zu fliehen. Die Romantiker nannten es die „Wanderlust", das „Vagabundentum". Diese Wanderung von Stadt zu Stadt befreite sie für einige Zeit von der Langeweile und der Eintönigkeit des prosaischen Lebens, aber sie kamen manchmal ohne Geld und völlig entmutigt in die Heimat zurück. Nur der Taugenichts von Eichendorff soll sich wahnsinnig amüsiert haben!

Heute spielt die Neigung zum Komfort eine überwiegende Rolle. Viele Jugendliche möchten vor allem eine Weltreise oder eine Kreuzfahrt auf einem Luxusschiff machen : warum? Um sich durch exotische Länder überraschen, aber auch um sich von Stewardessen bedienen zu lassen und für eine Weile das Leben eines Millionärs zu führen.

Einige von ihnen betrachten diesen Wohlstand als ein Ideal und können es dann nicht mehr entbehren. So merkwürdig es auch aussehen mag, Reise und Kreuzfahrt sind ein Statussymbol geworden, nach dem sie vorbehaltlos streben. Aber sie machen sich nicht klar, dass sie in eine Falle geraten sind und dieser Luxus nichts als Täuschung ist.

Technique de traduction : notez les différences

En français

1. **Un jeune, le jeune**
Beaucoup de jeunes, les jeunes

L'adjectif est substantivé
Il ne varie que pour se mettre au pluriel
Il prend un s à toutes les fonctions du pluriel

En allemand

1. ***Ein Jugendlicher, der Jugendliche***
Viele Jugendliche, die Jugendlichen

L'adjectif substantivé varie au singulier et au pluriel selon les cas et selon le déterminant
Il prend diverses désinences (voir Thèmes 6, 11, 14, 15 et 19)

2. **avoir envie d'un voyage**
se passer d'argent
avoir besoin de temps

Ces verbes sont intransitifs

Complément introduit par la préposition **de**

2. ***sich eine Reise wünschen***
Geld entbehren
Zeit brauchen

Ces verbes sont transitifs, ils ont un COD à l'accusatif
Il n'y a pas de mot intermédiaire

3. **Une croisière de quinze jours (15)**

Pour dire quinze jours
mais pour dire dans huit jours
dans une semaine

3. ***Eine vierzehntägige Kreuzfahrt (14)***

les Allemands disent *vierzehn Tage*
ils s'expriment comme nous : *heute in acht Tagen*
heute in einer Woche

4. **Seul le Taugenichts s'est, paraît-il, amusé**
Le « paraît-il » permet de mettre en relief ce que l'on raconte.

Le « paraît-il » est placé entre deux virgules

4. ***Nur der Taugenichts soll sich amüsiert haben***
Le verbe de modalité permet de faire comprendre qu'il s'agit d'un « on dit », d'un bruit qui court.

Le verbe de modalité est intégré à la phrase

Thèmes traduits

21 - La vie du marin

Le pêcheur ne pense qu'à la mer. Il en parle sans cesse. Il ne la redoute pas. Il ne cesse de s'étonner de ses beautés. Il ne se plaint pas de sa vie dangereuse et pénible. Il y trouve plaisir, il est habitué et ne voudrait y renoncer à aucun prix. C'est qu'il se contente de peu et n'envie pas les autres. D'ailleurs en mer il ne manque ni de distractions ni d'occupations. Entouré de dangers de toutes sortes, il compte sur son habileté et sur sa chance. Il sait que son succès dépend en partie de lui ; il s'y prépare avec soin, se soucie des moindres détails, s'intéresse à tout, ne lésine pas sur sa peine et croit à son destin.

Révision conseillée

Les constructions de verbes avec préposition fixe ou rections de verbe

→ *traduction p. 128*

22 - Notre maison de campagne

Mon père a acheté une petite maison de campagne. Elle n'est pas toute neuve. Il manque quelques tuiles sur le toit, quelques briques aux murs, une ou deux vitres aux fenêtres. Il s'agit de réparer tout cela sans faire venir maçon et couvreur. Aussi je fais de mon mieux pour aider mon père dans ce travail. Et je me réjouis déjà à la pensée de devenir pour un jour peintre et tapissier.

Car nous arrangerons l'intérieur aussi avant d'emménager. Notre salle à manger sera rustique. Les poutres au plafond ne seront pas badigeonnées mais garderont leur couleur naturelle. Une lampe suspendue à l'une d'elles éclairera la longue table autour de laquelle seront disposées les chaises paillées. Ce sera la pièce la plus spacieuse de notre villa. Ma chambre est sous les combles ; mais j'aurai le droit de l'installer à mon goût.

→ *traduction p. 128*

23 - A la bibliothèque

A huit heures et demie, il n'y a encore personne à la bibliothèque. Elle se trouve en sous-sol, mais par la baie vitrée qui occupe le haut du mur on voit les arbres du jardin et les pieds des passants. J'ai aperçu un aveugle, il marchait vite en touchant à peine de sa canne l'allée recouverte de graviers. Il travaille sans doute ici. Malgré la vivacité de sa démarche, il ne m' a pas paru jeune.

Je suis assis à un bout de la longue table placée sous la baie vitrée. Je ne reste pas longtemps seul. Les autres lecteurs sont surtout des étudiants, grecs et français. Nous échangeons un « bonjour » à voix basse, comme si nous avions peur de réveiller l'esprit qui est ici.

Vassilis Alexakis - *La langue maternelle* (Concours INA)

→ *traduction p. 129*

24 - Le départ

Nous parlions du départ – plus que quelques jours – lorsque le téléphone sonna.

« Nadine, ma chérie, comment vas-tu? Qu'est-ce que tu dis? Tu veux venir... Dès demain? Bon...On ira te chercher à l'aéroport... A demain! » Diane raccrocha. « Je me demande comment elle a réussi à avoir notre numéro de téléphone. Elle n'a pas dû oser téléphoner à mon père ».

En regardant Diane, je compris que cette visite ne lui faisait pas plaisir. « Il fallait refuser », dis-je.

« Comment? Elle vient ici tous les ans, elle avait pris son billet. »

d'après Jean-Didier Wolfromm

→ *traduction p. 129*

25 - En chemin de fer

Le train repart. Que je m'ennuie dans mon compartiment! Ce qui rend supportable le voyage en train lent (celui-ci est résolument omnibus), ce sont les compagnons : ceux qu'on regarde, ceux qu'on écoute ; ceux qu'on prend et ceux qu'on laisse ; ceux qu'on aperçoit une minute, deux minutes sur le quai d'une petite gare où eux-mêmes ne sont venus que pour vous regarder passer.

Jean-Louis Vaudoyer

Révision conseillée

Traduction de celui / celle qui ou que... (voir Thème 14)

→ *traduction p. 130*

26 - Les voyages à pied

Je ne connais qu'une manière de voyager plus agréable que d'aller à cheval : c'est d'aller à pied. On part à son moment, on s'arrête à sa volonté, on fait tant et si peu d'exercice qu'on veut. On observe tout le pays ; on se détourne à droite à gauche ; on examine tout ce qui nous flatte ; on s'arrête à tous les points de vue. Aperçois-je une rivière, je la côtoie ; un bois touffu, je vais sous son ombre ; une grotte, je la visite.

Partout où je me plais, j'y reste ; à l'instant que je m'ennuie, je m'en vais. Je ne dépends ni des chevaux, ni du postillon. Je passe partout où un homme peut passer, je vois tout ce qu'un homme peut voir, et, ne dépendant que de moi-même, je jouis de toute la liberté dont un homme peut jouir.

Jean-Jacques Rousseau

Révision conseillée :

1. La corrélation **das...**, **was...** ; 2. La subordonnée conditionnelle avec ou sans **wenn**

→ *traduction p. 130*

27 - Un ami lunatique

Quand on regarde ce qui se passe à Serferana, petit village italien qui n'est éloigné du volcan de l'Etna que de huit cents mètres, on est vraiment étonné : l'amour des Siciliens pour leur volcan ne diminue pas lorsque le volcan entre en éruption. Au contraire, les habitants le comparent à un ami capricieux dont les humeurs sont bien sûr dangereuses, mais surmontables.

L'Etna a englouti quantité de maisons et de propriétés, détruit de nombreux toits et causé beaucoup de dégâts. De vieilles maisons se sont effondrées, mais peu importe, disent les habitants, puisqu'ils reçoivent des indemnités importantes ! Les Siciliens sont de grands philosophes amoureux de leur volcan.

→ *traduction p. 130*

28 - Quels média ?

Il y a beaucoup de magazines, mais peu de journaux vraiment intéressants et dont les articles touchent la majeure partie du public. Les lecteurs de la presse dite sérieuse sont des ingénieurs, des cadres, les intellectuels. Mais la plupart des gens ne lisent plus guère les journaux. Ils préfèrent le journal télévisé. Dès qu'ils rentrent chez eux le soir, ils avalent leur dîner et s'asseoient devant leur téléviseur.

Que regardent-ils pour la plupart ? Des jeux télévisés, un bon film policier ou une interview politique. Ils s'endorment fatigués par une accablante journée de travail et s'empressent le lendemain d'oublier tout ce qu'ils ont vu la veille sur l'écran.

Quand, pour ma part, je prends le train pour Lyon où je dois passer la journée pour affaires, j'achète le premier journal venu. En lisant, je m'aperçois bien souvent que le journaliste a des opinions qui ne sont pas les miennes, qu'il ne connaît que superficiellement le sujet dont il parle et qu'il termine son article par une remarque amusante, mais inutile. Les journaux me distraient, mais je me sens blasé.

→ *traduction p. 131*

29 - La troupe du Signor Vitalis

Lorsque nous arrivâmes au pont qui fait communiquer la Bastide avec Bordeaux, Vitalis n'avait pas eu le temps de répondre à la centième partie des questions que je voulais lui adresser.

Jusque-là nous n'avions jamais fait long séjour dans les villes qui s'étaient trouvées sur notre passage, car les nécessités de notre spectacle nous obligeaient à changer chaque jour le lieu de nos représentations, afin d'avoir un public nouveau. Avec des comédiens tels que ceux qui composaient « la troupe de l'illustre signor Vitalis », le répertoire ne pouvait pas en effet être bien varié et après trois ou quatre pièces, dont « La mort du Général » et « Le triomphe du juste », c'était fini, nos acteurs avaient donné tout ce qu'ils pouvaient.

Hector Malot – *Sans famille*

→ *traduction p. 131*

30 - Le sportif

Welsch était de première force au tennis, à la natation, au football, au ski et toujours en tête pendant les courses de montagne du samedi. Paul aimait à marcher suspendu à son bras, car étant son aîné de trois ans, Welsch lui donnait sa protection. Il lui apprit le football et le ski où Paul se distingua et devint bientôt l'un des meilleurs de l'école. En échange il faisait les devoirs de français de Welsch, mettait sa chambre en ordre et avait la charge de son bateau.

Quand Welsch se mettait aux avirons, quelle joie pour Paul ! Orgueil d'être avec le meilleur et joie de regarder tout ce que Welsch ne regardait même pas : la lumière sur la ville et les côteaux, l'église Saint-Martin et surtout le lac où s'ouvrait l'aventure.

d'après Guy de Pourtalès

→ *traduction p. 132*

31 - Compétition et dopage

Lorsque Katrin Krabbe, double championne du monde âgée seulement de vingt-deux ans, et Grit Breuer, vice-championne du monde, furent convaincues de dopage, les gens du monde sportif se posèrent de nombreuses questions. Pourraient-elles poursuivre leur carrière ? Leur carrière serait-elle menacée ?

Il semble bien qu'elles aient été suspendues pour quatre ans. Elles furent exclues par la Fédération Allemande de l'Athlétisme, parce qu'elles n'avaient pas respecté les règles du Comité Olympique International. Le Comité International de l'Athlétisme se prononça contre les deux sprinteuses est-allemandes : leur carrière fut pratiquement terminée.

→ *traduction p. 132*

32 - Le Rhin

Le Rhin a tous les aspects. Il est tantôt large, tantôt étroit. Il est glauque, transparent, rapide, joyeux et puissant. Il est torrent à Schaffhouse, gouffre à Laufen, rivière à Sickingen, fleuve à Mayence, lac à Saint-Goar, marais à Leyde. La partie du fleuve la plus célèbre et la plus admirée, la plus riche pour le géologue, la plus curieuse pour l'historien, la plus belle pour le poète, c'est le tronçon du Rhin central. C'est là le fameux trajet de Mayence à Cologne que presque tous les touristes font en quatorze heures dans les longues journées d'été.

Victor Hugo

Révision conseillée

Le superlatif de l'adjectif et de l'adverbe

→ *traduction p. 132*

33 - Le bricoleur

Tastard est mécanicien ; il rêve de piloter une motocyclette et qui sait ? peut-être une auto, peut-être un avion. Il passe beaucoup de temps à dévisser, à revisser les commutateurs électriques et les appareils d'éclairage, à réparer les serrures des meubles et des portes. Je le soupçonne même de les détraquer de temps en temps pour avoir prétexte à les toucher. Il veut gratifier le bureau d'une invention qu'il perfectionne sur place : une machine à coller les timbres !

Georges Duhamel

→ *traduction p. 133*

34 - Un baron de trente-six ans

Les barons de la presse américaine comptent un nouveau membre : William D. Singleton. Ce Texan, qui vient d'acheter deux quotidiens en cinq jours, a commencé sa carrière à quinze ans comme journaliste indépendant dans sa ville natale de Graham, avant d'acquérir quatre petites publications à sa sortie de l'université du Texas. Il a une réputation d'homme d'affaires impitoyable, se spécialisant dans des entreprises de presse battant de l'aile, dont il réduit les effectifs et les dépenses.

Révision conseillée

Les nombres cardinaux

→ *traduction p. 133*

35 - L'étranger

– « Qui aimes-tu le mieux, homme étranger, dis ? ton père, ta mère, ta sœur ou ton frère ? »

– « Je n'ai ni père, ni mère, ni soeur, ni frère. »

– « Tes amis ? »

– « Vous vous servez là d'une parole dont le sens m'est resté jusqu'à ce jour inconnu. »

– « Ta patrie ? »

– « J'ignore sous quelle latitude elle est située. »

– « La beauté ? »

– « Je l'aimerais volontiers, déesse et immortelle. »

– « L'or ? »

– « Je le hais. »

– « Et qui aimes-tu donc, étranger ? »

– « J'aime les nuages, les nuages qui passent là-bas... les merveilleux nuages ! »

Charles Baudelaire

→ *traduction p. 133*

36 - Deux enfants au restaurant

– « Qu'est-ce que vous voulez, les enfants ? »

– « On voudrait manger »

– « Venez par là ».

Elle nous entraîne et nous traversons la salle, le cliquetis des fourchettes et des couteaux est intense. Contre le comptoir il y a un guéridon sans nappe sur lequel elle pose deux assiettes...

Je regarde les convives. Ce ne sont pas des paysans : ils offrent ce mélange que l'on rencontre dans les gares ou les salles d'attente, mais ce sont là hommes ou femmes de la ville. Il y a des enfants aussi, même de très jeunes.

Ce sont donc des gens comme nous, en fuite, des Juifs bien sûr, et ils attendent pour passer la frontière. Mais qu'attendent-ils ? C'est peut-être plus difficile que nous le supposons.

Joseph Joffo – *Le sac de billes*[1]

→ *traduction p. 134*

1. La bille : *die Murmel* (-n)

37 - Quatre jours de congé pour un employé

En me réveillant, j'ai compris pourquoi mon patron avait l'air mécontent quand je lui ai demandé mes deux jours de congé : c'est aujourd'hui samedi. Je l'avais pour ainsi dire oublié, mais en me levant, cette idée m'est venue. Mon patron, tout naturellement, a pensé que j'aurais ainsi quatre jours de vacances avec mon dimanche et cela ne pouvait pas lui faire plaisir. Mais d'une part, ce n'est pas ma faute si on a enterré Maman hier au lieu d'aujourd'hui et d'autre part, j'aurais eu mon samedi et mon dimanche de toute façon. Bien entendu, cela ne m'empêche pas de comprendre tout de même mon patron.

Albert Camus – *L'étranger*

→ *traduction p. 134*

38 - L'arrivée de l'étranger

Ces paisibles campagnards furent tout à coup mis en émoi par l'arrivée d'un étranger. Même en plein jour, un étranger est quelque chose de rare dans ce petit village de Rünenberg ; mais que dire d'un étranger qui s'amène à une heure indue, le soir, si tard, juste avant le coucher du soleil ?...

Celui-ci s'était arrêté à la première maison du pays et avait demandé qu'on veuille bien lui indiquer l'habitation du syndic de la commune[1]...

Et les commentaires d'aller bon train. « Ces étrangers, ils ne saluent personne », disait Buhuri, l'aubergiste, les deux mains croisées sur son énorme bedaine. « Moi, je vous dis qu'il vient de la ville », disait le vieux Siebenhaar qui autrefois avait été soldat en France.. Les jeunes filles...potinaient à voix basse, rougissantes, émues. Les gars, eux, faisaient un groupe menaçant auprès de la fontaine ; ils attendaient les événements, prêts à intervenir.

Blaise Cendrars – *L'or* (Concours des Mines)

→ *traduction p. 135*

1. Syndic de la commune : ici, *der Bürgermeister*

39 - Napoléon et Werther

Pour les Français, Goethe a été d'abord l'auteur de *Werther*. Publié en 1774, ce roman était traduit en français dès 1776 et il allait toucher si profondément les âmes sensibles de l'époque que cette première version française a été suivie de plusieurs autres, qui se sont succédées jusqu'en 1789. *Werther* a été lu et relu en France...

En 1788, dans la petite ville d'Auxonne, en Bourgogne, où se trouvait alors une garnison, un jeune lieutenant d'artillerie s'ennuyait beaucoup, tellement qu'il lisait *Werther* où il trouvait un héros qu'il sentait sans doute proche de lui : le jeune officier s'appelait Napoléon Bonaparte. Dix ans plus tard, partant pour l'Egypte, il tenait à emporter dans ses bagages son *Werther*. Dix ans plus tard encore, recevant à Erfurt le poète Goethe, il mettait aussitôt la conversation sur *Werther*.

Pierre Grappin – *Goethe – Au jardin des malentendus*

→ *traduction p. 135*

40 - Le déjeuner de l'Empereur en captivité

L'empereur déjeune sur une petite table dans sa chambre, à moins que, par beau temps, il ne se transporte sous la tente dressée dans le jardin ; il invite alors à partager son repas l'un ou l'autre de ses compagnons, parfois tous les quatre. Ce déjeuner, pour l'époque, est des plus modestes. Napoléon ne prend guère que d'un plat, mais d'abord un potage, qu'il veut « bouillant ». Il boit un verre de Bordeaux coupé d'eau. Pour finir une tasse de café. C'est l'affaire de dix, quinze minutes, jamais plus. Napoléon fait un tour de jardin, puis rentre dans le parloir, pièce qu'il trouve la plus sèche et la mieux éclairée, où il peut marcher selon son habitude, les mains derrière le dos, tandis qu'il dicte à l'un de ses officiers les commentaires de ses campagnes.

Octave Aubry

→ *traduction p. 136*

Révision conseillée

Le superlatif de l'adjectif et de l'adverbe

41 - Mère et fils

– « Tu ne veux pas te coucher tout de suite ? demanda-t-elle, tu vas veiller un peu avec moi. »

Julien hésita un instant avant de demander :

– « Tu veilles tard ? »

– « A cette saison, d'habitude on se couche sans allumer aussitôt mangé, mais puisque tu es là, ce n'est pas pareil. »

Julien hésita encore avant de répondre :

– « C'est que j'avais promis à Berthier de le retrouver. »

La mère, qui venait de s'asseoir et fouillait au fond de sa corbeille, s'arrêta et leva les yeux.

– « Ce soir ? » fit-elle.

– « Bien sûr. »

– « Mais avec les kilomètres que tu as faits ce matin, tu dois en avoir ta claque. Tu ferais mieux de rester tranquille. »

– « Je ne suis pas fatigué, tu sais ; j'ai l'habitude de rouler. »

La mère retint un soupir et s'efforça de sourire en disant :

– « Comme tu voudras, mais il vaut mieux attendre que ton père soit couché. »

Bernard Clavel – *Celui qui voulait voir la mer* (Concours des Mines)

→ *traduction p. 136*

42 - Une rencontre inattendue

Le soir, Rieux télégraphiait à sa femme que la ville était fermée, qu'il allait bien, qu'elle devait continuer à veiller sur elle-même et qu'il pensait à elle.

Trois semaines après la fermeture des portes, Rieux trouva, à la sortie de l'hôpital, un jeune homme qui l'attendait.

– « Je suppose, lui dit ce dernier, que vous me reconnaissez. »

Rieux croyait le reconnaître, mais il hésitait.

– « Je suis venu avant ces événements, dit l'autre, vous demander des renseignements sur les conditions de vie des Arabes. Je m'appelle Raymond Rambert. »

– « Ah ! oui, dit Rieux. Eh bien, vous avez maintenant un beau sujet de reportage. »

L'autre paraissait nerveux. Il dit que ce n'était pas cela et qu'il venait demander une aide au docteur Rieux.

Albert Camus – *La peste*

Révision conseillée

Le discours indirect

→ *traduction p. 137*

43 - Une anecdote de Lucien Guitry

« Mon grand-père, à la fin de ses jours, avait presque totalement perdu l'ouïe. Il n'entendait pratiquement plus et ne voulait jamais en convenir. Un soir, alors qu'il lisait le journal dans sa chambre, je cherchais au sommet de la bibliothèque un livre dont j'avais besoin. Je trébuche sur mon escabeau, je m'accroche maladroitement à un tableau : dégringolade générale. Me voilà, voltigeant, emportant dans ma chute tout un rayon de bibliothèque, une pile de volumes et je me retrouve par terre dans un vacarme épouvantable.

Dans la pièce voisine, mon grand-père demande : « Que se passe-t-il ? » Et je lui crie n'importe quoi dans l'affolement : « Ce n'est rien. Je viens de laisser tomber ma plume ». Alors grand-père a souri et a repris son journal : « Et on dit que je suis sourd ! »

Jean Nohain – *La traversée du XXe siècle*

→ *traduction p. 137*

44 - Une chambre maussade

Il tenait un journal déplié à la main. Il n'avait ôté ni son pardessus ni son chapeau. De temps en temps, il regardait dehors. Il lui semblait chaque fois que la pluie avait cessé, puis tout à coup il l'apercevait plus drue qu'avant.

– « Emily, je suis rentré », dit-il au bout d'un moment à sa sœur.

Personne ne répondit. La porte de la chambre était ouverte pourtant. Les autobus faisaient trembler les vitres. Le logement n'avait pas été aéré. On ne l'aérait jamais... Soudain il se leva, ôta son pardessus, son chapeau. Il n'avait pas encore fait sa toilette et il se sentait laid et sale. Il se mit à aller et venir. Depuis plusieurs mois il ne regardait plus dans la chambre qu'occupait à présent sa soeur. Que tout ce qui l'entourait était pompeux et misérable !

Emmanuel Bove – *Un homme qui savait*

→ *traduction p. 138*

45 - Un fidèle compagnon

Son dernier compagnon avait été un chien. Il est mort il y a une dizaine d'années, peut-être davantage. C'est de ce jour-là qu'elle n'est plus sortie de chez elle. C'était un chien noir, doux et gentil, elle était allée le chercher à la campagne : « Il était malheureux, on ne l'aimait pas et on le gardait attaché à un arbre. » Il suivait ma mère pas à pas. Elle dut lui faire de longues confidences pendant qu'ils mangeaient des biscuits, assis l'un en face de l'autre. Elle voulait le convaincre de manger des légumes, mais il n'aimait que la viande. « C'est son instinct, constatait-elle avec regret, il ne comprend pas qu'il se fait du tort ». Et elle finissait par lui acheter un beefsteak américain.

Il mourut très vieux, une nuit du mois d'août, elle ne m'en parla que plus tard.

Anne Philippe – *Je l'écoute respirer*

→ *traduction p. 138*

46 - L'homme de la rue

Tout est moyen en moi : la taille, l'intelligence, la classe... A première vue, je pourrais donc me croire fait sur mesure pour ce concours. Si j'y participe, pourtant ce sera sans conviction. Pourquoi ne l'avouerai-je pas ? Pour ce qui est de la chance, je n'ai jamais eu de veine. Je n'ai jamais été parmi ceux qui gagnent à la loterie, jamais un tirage au sort ne me fut favorable, jamais je ne me trouve dans les trente huit mille sept cent cinquante personnes interrogées par les enquêteurs de l'Institut d'Opinion Publique au sujet de la situation internationale. Souvent je contemple dans le journal la photographie de ces inconnus que les reporters interrogent en les baptisant « l'homme de la rue » pour savoir ce qu'ils pensent du gouvernement, du prix de la vie, de la télévision ou du vote des femmes. Pris au hasard dans la masse, ils représentent ce que je suis, ils disent des choses que j'aurais pu dire, ils sont moi. Ce n'est jamais moi.

Pierre Daninos – *Un certain Monsieur Blot* (Concours INA)

→ *traduction p. 139*

47 - Solitude

Je suis dans la chambre de ma mère. C'est moi qui y vis maintenant. Je ne sais comment j'y suis arrivé. Dans une ambulance peut-être, un véhicule quelconque certainement. On m'a aidé. Seul, je ne serais pas arrivé. Cet homme qui vient chaque semaine, c'est grâce à lui peut-être que je suis ici. Il dit que non. Il me donne un peu d'argent et enlève les feuilles. Tant de feuilles, tant d'argent. Oui, je travaille maintenant, un peu comme autrefois, seulement je ne sais plus travailler. Cela n'a pas d'importance, paraît-il. [...] Quand je n'ai rien fait, il ne me donne rien, il me gronde. Cependant je ne travaille pas pour de l'argent. Pourquoi alors ? Je ne sais pas. Je ne sais pas grand' chose, franchement.

d'après Samuel Beckett – *Molloy*

→ *traduction p. 139*

48 - Macha et l'enfant trouvé

Une pauvre femme avait une fille qui s'appelait Macha. Un matin, Macha étant sortie pour aller chercher de l'eau, aperçut à terre, près de la porte, un objet enveloppé de chiffons. A ce moment, quelque chose se mit à crier : « Ouah, ouah, ouah ! » Macha se baissa et vit que c'était un petit enfant tout rouge qui criait.

Elle le prit dans ses bras, le porta à la maison, et se mit à lui faire boire du lait à la cuiller. Sa mère lui dit :

– « Qu'as-tu porté là ? »

– « Un petit enfant », répondit Macha. « Je l'ai trouvé près de notre porte. »

Et la mère lui dit :

– « Nous sommes déjà si pauvres ! Pouvons-nous nourrir encore un enfant ? »

Macha fondit en larmes et dit :

– « Maman, il ne mangera pas beaucoup, gardons-le. Regarde comme la peau de ses doigts est rose et ridée ! »

La mère regarda et eut pitié. Elle garda l'enfant. Macha le faisait manger, l'emmaillotait et quand il était couché, lui chantait des chansons.

d'après Léon Tolstoï

→ *traduction p. 140*

49 - Le cinéma

C'était le divertissement des femmes et des enfants ; nous l'adorions, ma mère et moi, mais nous n'y pensions guère et nous n'en parlions jamais : parle-t-on du pain quand il ne manque pas ? Quand nous nous avisâmes de son existence, il y avait beau temps qu'il était devenu notre principal besoin. Les jours de pluie, Anne-Marie me demandait ce que je souhaitais faire, nous hésitions longuement...

Au dernier moment, nous décidions d'entrer dans une salle de projection. Mon grand-père paraissait à la porte de son bureau quand nous ouvrions celle de l'appartement ; il demandait : « Où allez-vous, les enfants ? »

– « Au cinéma », disait ma mère. Il fronçait les sourcils et il ajoutait très vite : « Au cinéma du Panthéon, c'est tout à côté, il n'y a que la rue Soufflot à traverser. » Il nous laissait partir en haussant les épaules.

d'après Jean-Paul Sartre – *Les mots* (Concours des Mines)

→ *traduction p. 140*

50 - La troisième révolution industrielle

Le progrès technique permet de parler d'une troisième « révolution industrielle ». Car, sous l'effet de la concurrence mondiale, l'appareil productif des pays industrialisés a très vite évolué : l'informatisation et la robotisation sont devenus des maîtres mots, et l'électricité d'origine nucléaire est, dans certains pays comme la France, venue relayer des sources d'énergie classiques. De nouveaux Etats se sont imposés en tant que puissances économiques, du fait de leur capacité à intégrer, promouvoir et développer les nouvelles technologies.

René Ponthus – *Le monde d'aujourd'hui*

→ *traduction p. 141*

51 - Les nouveaux médias

L'apparition de la radio, du cinéma et de la télévision a bouleversé l'image du pouvoir, comme le pouvoir de l'image. Savoir se servir de ces outils nouveaux est devenu pour l'homme politique un impératif absolu. On en est arrivé à se poser cette question : un homme d'Etat doit-il avoir le talent d'un bon comédien ? Cette question du rapport entre le métier d'acteur et la carrière politique mériterait une étude approfondie. Encore faudrait-il distinguer entre radio, cinéma et télévision, instruments qui se sont succédé et coexistent maintenant non sans s'influencer. Car la radio, puis la télévision ont corrigé l'action que le cinéma a d'abord exercée seul sur l'imaginaire collectif.

Michel Tournier – *Petites proses* (Concours des Mines)

→ *traduction p. 141*

52 - Le télé-achat

Grâce à une loi votée il y a quelques années, le télé-achat est possible sur toutes les chaînes de télévision. Plusieurs observateurs prévoient que l'on devrait, au cours de la première année, atteindre un chiffre d'affaires de trois cent millions de francs. Une chaîne privée s'est lancée dans ce type de vente par correspondance avec un partenaire de taille : les Trois Suisses. Le célèbre catalogue donne d'ailleurs son nom à l'émission qui passe chaque matin, sauf le dimanche. Les responsables ont le sentiment d'être au début d'une formidable aventure commerciale. L'un d'eux a déclaré : « Nous avons tout fait pour assurer la qualité des bonnes affaires proposées, en sélectionnant les produits et en organisant une livraison rapide des commandes. »

→ *traduction p. 141*

53 - Le crime

Quatre hommes transportaient le blessé dans une pièce du fond où ils l'étendaient sur un canapé. Le docteur donnait des ordres. On entendait dehors la voix du maire qui questionnait :

– « Le commissaire est-il ici ? »

Maigret alla au-devant de lui, les deux mains dans les poches.

– « Vous avouerez, commissaire »...

Mais le regard de son interlocuteur était si froid que le maire perdit un instant contenance.

– « C'est notre homme qui a fait le coup, n'est-ce-pas ? »

– « Non ! »

– « Qu'en savez-vous ? »

– « Je le sais parce que, au moment où le crime a été commis, je le voyais à peu près aussi bien que je vous vois »...

– « Et vous ne l'avez pas arrêté ? »

– « Non ! »

Georges Simenon – *Le chien jaune*

→ *traduction p. 142*

54 - Rendez-vous au café

Un jour, nous avions rendez-vous, Cynthia et moi, dans un café de la place de la Comédie. Par crainte d'être en retard, j'arrivai avec vingt minutes d'avance et profitai de ce répit pour téléphoner à mon père qui revenait d'un week-end de chasse en Pologne [...]. Comme toujours, il se moqua de mes prétendues études et me rappela sèchement que ma belle-mère et lui- même – ma mère s'est noyée à Biarritz quand j'avais six ans – comptaient sur ma présence pour le réveillon de Noël, ce que je savais déjà par plusieurs lettres sur le thème.

Au moment où je raccrochais, j'aperçus par la vitre de la cabine Cynthia qui s'était assise au fond du café sans savoir que j'étais déjà arrivé et que j'avais posé mes gauloises et mon gros classeur sur un autre guéridon. Je me dis que je ne perdrais rien à l'observer discrètement [...]. La jeune fille, ne me voyant pas, tira de son sac sa minuscule boîte à maquillage, se donna quelques coups de crayon sur les paupières et remit des couleurs sur ses joues avec un mince pinceau.

Jean-Pierre Milovanoff – *Le maître des paons*

→ *traduction p. 142*

55 - Rapt d'enfant

Quand j'avais six ou sept ans, j'ai été volée. Je ne m'en souviens pas vraiment, car j'étais trop jeune, et tout ce que j'ai vécu ensuite a effacé ce souvenir. C'est plutôt comme un rêve, un cauchemar lointain, terrible, qui revient certaines nuits, qui me trouble même dans le jour. Il y a cette rue blanche de soleil, poussiéreuse et vide, le ciel bleu, le cri déchirant d'un oiseau noir, et tout à coup des mains d'homme qui me jettent au fond d'un grand sac, et j'étouffe. C'est Lalla Asma qui m'a achetée.

C'est pourquoi je ne connais pas mon vrai nom, celui que ma mère m'a donné à ma naissance, ni le nom de mon père, ni le lieu où je suis née. Tout ce que je sais, c'est ce que m'a dit Lalla Asma, que je suis arrivée chez elle une nuit, et pour cela elle m'a appelée Laïla, la Nuit. Je viens du Sud, de très loin, peut-être d'un pays qui n'existe plus. Pour moi, il n' y a rien eu avant, juste cette rue poussiéreuse, l'oiseau noir et le sac.

Jean-Marie Le Clézio – *Poisson d'or* (Concours des Mines)

Révision conseillée

Le pronom relatif et la subordonnée relative ; la corrélation **das... was....**

→ *traduction p. 143*

56 - Le secret

En 1983 Delphine avait divorcé. Curieusement j'avais reçu d'elle au cours de l'été deux cartes postales de Crète et de Yougoslavie. A la fin novembre ou au début décembre 83 Delphine m'appela. Elle me dit qu'il y avait longtemps qu'elle devait m'apporter quelque chose. Qu'elle m'en avait parlé, il y avait des années de cela... Singulier coup de téléphone et qui me parut mystérieux. Je me souvenais que lors de son mariage – quatre ans plus tôt – elle m'avait parlé d'un cadeau qui me revenait. Quel était cet objet dont elle faisait tant de mystères?

Mes sœurs et moi nous avions vu, après la guerre, dans le ciné-club de Heilbronn un beau film (grisâtre) où de nombreux journalistes recherchent vainement quel peut être le sens des dernières paroles qu'a prononcées un magnat de la presse américaine et le spectateur est seul à comprendre qu'il s'agit du nom d'un traîneau sur lequel l'enfant s'amusait à glisser l'hiver.

J'éprouvai quelque chose de semblable.

Pascal Quignard – *Le salon du Wurtemberg* (Concours des Mines)

Révision conseillée

La proposition relative et son agencement dans une phrase complexe; la traduction de « il y a » au sens temporel

→ *traduction p. 143*

57 - Séparation

Nos cousins sont partis le lendemain matin. Ils ont écrit quelques cartes de Montréal pendant les mois qui ont suivi, puis nous les avons complètement perdus de vue. Je n'ai pas eu mon bac en septembre, je suis parti dans une autre ville, puis à Paris pour la faculté. Dan est resté seul à la maison. Je savais par les lettres de mon père qu'il ne s'intéressait plus qu'à la danse. Il passait maintenant toutes ses soirées au nouveau Conservatoire à l'autre bout de la ville, mon père pensait qu'il ne ferait plus d'études. A travers ses phrases, je comprenais que Dan n'était presque plus à la maison, qu'il avait une bande de camarades que mon père n'approuvait pas, que notre foyer s'était disloqué. Notre mère s'enfonçait dans son rêve.

Pierrette Fleutiaux – *Nous sommes éternels* (Concours des Mines)

→ *traduction p. 144*

58 - Un moment délicieux

Depuis son arrivée, le matin, chez Madame de Chartreux, elle avait souffert de ne pouvoir fumer. Sur le boulevard, elle entra dans un bureau de tabac, puis s'assit à la terrasse d'un café. Il faisait très chaud. Elle se hâta d'allumer une cigarette. Pendant quelques minutes, elle ne pensa plus rien, goûtant son plaisir : la liberté retrouvée, la fumée dont il lui semblait qu'elle avait oublié la saveur et la fraîcheur du verre dans sa main. Elle étendit les jambes et ferma les yeux. Dans la chaleur du boulevard, il y eut un souffle d'air frais : sans que Juliette sût pourquoi, à cet instant, elle se rappela un nom auquel, depuis des mois, elle n'avait pensé. Il amena avec lui les images d'un autre été : une maison dans les pins, l'océan tout près, où menait un sentier de sable.

José Cabanis – *Une femme dans la ville* (Concours des Mines)

→ *traduction p. 144*

59 - Dialogue sentimental

Le lendemain, tandis qu'il pleuvait encore par moments, il alla voir ses clients. La corvée. Il se rappelait avec honte la façon dont il s'était présenté à Eliane : un artiste, ou tout au moins, un futur artiste. Quand elle lui avait demandé s'il était aux Beaux-Arts, il avait même répondu :»Non, mais j'y songe », tandis qu'elle ne lui avait jamais menti. Un jour qu'elle se plaignait, à juste titre sans doute, de son mari, et qu'il lui demandait pourquoi elle ne se décidait pas à le quitter, elle lui avait dit :

– « De toute façon, si je le quitte, je ne viendrai pas vivre avec toi. Tu es trop »...

Elle s'était reprise :

– « Je suis trop vieille. »

Puis, passant ses doigts sur les tempes, comme pour écarter une mèche :

– « Regarde ! Je commence à avoir des cheveux blancs. »

Sa voix quand elle avait dit cela. Ce dont il se souvenait toujours le mieux, quand il essayait de retrouver un être du passé, c'était la voix.

Roger Grenier – *La marche turque* (Concours INA)

→ *traduction p. 145*

60 - « Anna Karenine »

– « Vous avez oublié ça », dit alors une voix derrière nous. Le timbre était grave, avec quelque chose de rieur, presque de juvénile, comme si la personne se moquait.

Je reconnus l'homme qui était assis tout à l'heure près d'elle. Il lui tendait son mouchoir. Elle l'avait laissé tomber dans la travée quand elle s'était levée et avait rabattu son siège d'un mouvement brusque pour manifester son énervement. Ma mère prit le mouchoir humide et froissé. Elle avait les yeux encore rougis et la goutte au nez.

– « A mon âge, dit-elle en guise d'excuse. De quoi j'ai l'air?

– « De quelqu'un qui s'émeut facilement, repartit l'homme en souriant. Il y a assez de coeurs secs. Il en faut qui pleurent pour deux. »

Le regard de ma mère se perdit vers la route où les roues des poids lourds projetaient leurs giclées d'eau sale.

– « Pauvre Anna Karénine ». Elle sécha ses yeux : « J'ai dû lire le roman dix fois et je ne m'habitue toujours pas ». Elle eut un geste pour montrer que la respiration lui manquait, les larmes lui pesaient sur la poitrine.

Alain Leblanc – *Un pont entre deux rives*

→ *traduction p. 145*

61 - La vie allemande

Je suis depuis six jours dans ce beau pays... Je dis la Prusse Rhénane[1] où la civilisation est très avancée sauf pour les lits qui ont toujours quatre pieds de long et les draps trois. Je mène tout à fait une vie allemande, c'est à dire que je me lève à cinq heures et me couche à neuf après avoir fait quatre repas. Jusqu'à présent cette vie-là me convient assez et je ne me suis pas trouvé mal de ne rien faire qu'ouvrir la bouche et les yeux. Mon admiration demeure exclusive pour les ombrages et surtout pour la façon dont on y entend la cuisine ; ici la grande affaire est *zu speisen*. Tous les honnêtes gens après avoir dîné à une heure, prennent le thé et des gâteaux à quatre, vont manger à six un petit pain avec de la langue dans un jardin, ce qui permet d'attendre jusqu'à huit heures.

Prosper Mérimée

→ *traduction p. 146*

1. En français : Prusse Rhénane ou Province du Rhin ; en allemand die Rheinprovinz, ancienne province de la Prusse, constituée en 1815, avec la création de la Confédération Rhénane (der Rheinbund : 1815-1848). Elle fut le berceau du développement industriel prussien.
Elle est incorporée maintenant, pour une petite partie, à l'Etat de Rhénanie-Palatinat (Rheinland-Pfalz) et pour la plus grande part à celui de Rhénanie-du-Nord-Westphalie (Nordrhein-Westfalen).

62 - Les Résistants

– « Décidez-vous vite, Mademoiselle Ruth. Vous venez ou non ? »

– « Non, je reste, je ne peux pas abandonner la maison de Monsieur Pierre. Ne vous inquiétez pas, je saurai leur parler. Une seule chose m'importe »...

– « A nous deux, ce sera plus facile de leur faire croire que vous êtes parties pour Paris, dit Bernadette Bouchardeau qui venait d'entrer. »

– « Ta tante a raison, leur présence fera paraître votre absence plus naturelle. »

– « Mais elles risquent d'être tuées ! »

– « Pas plus que si vous restez ici. »

– « C'est vrai, dit Ruth. Partez, il fait nuit maintenant. Mathias, tu me réponds d'elles ? »

– « Vous ai-je jamais menti ? »

– « Que comptes-tu faire ? »

– « Les conduire chez Albert pour qu'il les cache. »

– « Pourquoi chez Albert ? » cria presque Léa.

– « Parce qu'il est dans la Résistance et qu'il saura quoi faire de vous. »

– « Qu'est-ce qui te fait dire ça ? »

– « Arrête de me prendre pour un imbécile. Il y a longtemps que je sais qu'il cache des aviateurs anglais, qu'il connaît les lieux de parachutage et qu'il a participé à l'évasion des frères Lefèvre. »

Régine Desforges – *La bicyclette bleue*

→ *traduction p. 146*

63 - Paul, Lili et Marcel[1] à la campagne

Marcel : – « Pourquoi n'es-tu pas venu ce matin ? »

Lili : – « J'ai nettoyé le poulailler et puis je suis venu ici. Et toi ? »

Cette question si courte me déconcerta et je fis un faux éclat de rire en disant :

– « Eh bien, moi, mon vieux, il m'est arrivé une drôle d'histoire ! »

– « Je sais, Paul me l'a dit. »

– « Il t'a dit quoi ? »

– « Que tu es allé t'amuser avec une fille. Une idiote qui avait peur des araignées. »

Je protestai.

– « Ce n'est pas une idiote. C'est vrai qu'elle avait peur des araignées – mais pour une fille, c'est naturel – ma tante Rose aussi en a peur – et ma mère aussi. »

– « Oui, si tu veux... Mais cette fille, elle s'en croit trop. »

– « Tu la connais ? »

– « Je l'ai vue. »

– « Où ? »

– « Elle est venue deux fois chez nous, avec sa mère, pour acheter des œufs. »

– « Pourquoi ne m'en as-tu pas parlé ? »

– « Parce que ça ne valait pas la peine. »

– « Tu trouves qu'elle n'est pas jolie ? »

– « Oh ! dit Lili, elle est comme les autres filles. A part que quand elle marche, on dirait le maçon sur le toit qui a peur de casser des tuiles ! »

Paul éclata de rire : son pain dans une main, son chocolat dans l'autre, il se mit à marcher lentement, les bras écartés, et posant avec précaution un pied devant l'autre.

Marcel Pagnol – *Le temps des secrets*

→ *traduction p. 147*

1. Marcel Pagnol, son petit frère Paul et son camarade Lili

64 - L'accident du commissaire Janvier

(Maigret vient d'apprendre que Janvier, l'un de ses commissaires, a été frappé d'une balle en pleine poitrine)

Maigret dut marcher jusqu'au Boulevard Voltaire pour avoir un taxi. La rue Saint-Jacques était presque déserte, avec seulement les lumières de quelques bistros. Il se précipita sous la voûte de Cochin et reçut comme une bouffée de tous les hôpitaux qu'il avait connus dans sa vie.

Pourquoi entourer d'une atmosphère aussi lugubre, aussi morne, les malades, les blessés, les gens qu'on essaie de faire vivre et ceux qui vont mourir?...

Des cours mal éclairées, des escaliers, un long couloir et, au fond de ce couloir, trois silhouettes...

Le petit Lucas fit quelques pas à sa rencontre, avec la démarche oblique d'un chien qu'on a battu.

– « On croit qu'il s'en tirera, dit-il tout de suite à voix basse. Il y a déjà trois quarts d'heure qu'il est dans la salle d'opération. »

Madame Janvier, les yeux rouges, le chapeau mal planté, le regardait comme pour l'implorer, comme s'il pouvait quelque chose, et soudain elle éclata en sanglots dans son mouchoir.

Maigret ne connaissait pas le troisième personnage...

– « C'est un voisin, expliqua Lucas. Madame Janvier ne pouvait pas laisser les enfants seuls ; elle a appelé une voisine dont le mari s'est offert pour l'accompagner. »

Georges Simenon – *Maigret en meublé*

→ *traduction p. 148*

65 - Les navigateurs du XVIe siècle

Les Portugais s'établirent aux Indes et les Espagnols en Amérique. Les Anglais, les Français, les Hollandais accoururent au partage de la proie. On descendait sur tous les rivages ; on plantait un poteau ; on arborait un pavillon ; on prenait possession d'une mer, d'une île, d'un continent au nom d'un souverain de l'Europe sans se demander si des peuples, des rois, des hommes n'étaient point les maîtres légitimes de ces lieux.

Les Européens attaquèrent de toutes parts. Ces guerres s'étendirent, avec les colonies européennes, à toute la surface du globe. Un coup de canon tiré en Espagne, en France, en Hollande, en Angleterre faisait massacrer une tribu sauvage au Canada ou renversait un royaume dans l'Inde. Selon les divers traités de paix, des Chinois, des Hindous, des Africains, des Américains, se trouvaient Français, Anglais, Espagnols, Hollandais : quelques parties de l'Afrique, de l'Asie et de l'Amérique changeaient de maîtres, selon la couleur d'un drapeau arrivé d'Europe.

François-René de Chateaubriand

Révision conseillée

Les noms de pays, d'habitants de pays et les adjectifs de nationalité

→ *traduction p. 148*

66 - Seul au monde

Personne n'aurait pu dire d'où venait Mondo. Il était arrivé un jour, par hasard, ici dans notre ville, sans qu'on s'en aperçoive, et puis on s'était habitué à lui. C'était un garçon d'une dizaine d'années, avec un visage tout rond et tranquille et de beaux yeux noirs. Mais c'était surtout ses cheveux qu'on remarquait, des cheveux bruns qui changeaient de couleur selon la lumière et qui paraissaient presque gris à la tombée de la nuit.

On ne savait rien de sa famille, ni de sa maison. Peut-être qu'il n'en avait pas. Toujours quand on ne s'y attendait pas, quand on ne pensait pas à lui, il apparaissait au coin d'une rue, près de la plage, ou sur la place du marché. Il marchait seul, l'air décidé, en regardant autour de lui.

Quand il rencontrait quelqu'un qui lui plaisait, il l'arrêtait et lui demandait tout simplement : « Est-ce que vous voulez m'adopter ? » Et avant que les gens soient revenus de leur surprise, il était déjà loin ».

Jean-Marie Le Clézio

→ *traduction p. 149*

67 - Une jeunesse morose

Ma mère me jugeait trop jeune pour aller à Henry IV. Dans son esprit, cela voulait dire : pour prendre le train. Je restai deux ans à la maison et travaillai seul...

Je me promenais seul au bord de la Marne. J'allais même dans le bateau de mon père, malgré sa défense ; mais je ne ramais pas, et sans m'avouer que ma peur n'était pas celle de lui désobéir, mais la peur tout court. Je lisais, couché dans ce bateau.

Le désavantage de ces récréations alternant avec le travail était de transformer pour moi toute l'année en fausses vacances. Ainsi, mon travail de chaque jour était-il peu de chose, mais, comme travaillant moins de temps que les autres, je travaillais en plus pendant leurs vacances, ce peu de chose était le bouchon de liège qu'un chat garde toute sa vie au bout de la queue, alors qu'il préfèrerait sans doute un mois de casserole.

Mais vint la guerre.

Raymond Radiguet – *Le diable au corps*

→ *traduction p. 149*

68 - Début d'une grande aventure

C'est un de mes oncles, Joseph Kergomard, un vieil ami de la famille, professeur de géographie au Lycée Louis-le-Grand, qui, en 1933, déclencha le processus qui fit de ma vie ce qu'elle fut.

Nous sommes un dimanche à déjeuner. Il me dit : « Si tu as tellement envie de partir, pourquoi ne demandes-tu pas à Charcot de t'emmener ? »

Je vois soudain devant mes yeux – comme un homme qui se noie voit, paraît-il, toute sa vie se dérouler en quelques secondes – des icebergs, des mâts impressionnants, des hommes couverts de fourrure, des chiens, des traîneaux et surtout un vieux monsieur aux yeux pleins de bonté, à la barbiche blanche, au milieu de lycéens dont j'aurais bien voulu être.

Charcot ? Pourquoi pas le pape ? Qui me paraissait plus accessible...

Je regarde mon oncle Joseph d'un air tellement ahuri qu'il éclate de rire : « Mais c'est facile. Si tu veux, je lui écris un mot. Nous avons usé nos culottes ensemble sur les bancs de l'Ecole Alsacienne »...

Paul-Emile Victor

→ *traduction p. 150*

69 - Renée prend une décision

« Je suis décidée, dit-elle. Donnez-moi l'argent, je vous en supplie. Je prendrai le train demain.

– « Et votre mère ? »

– « J'ai assez travaillé pour ses enfants. Je sais où est le mien : jamais je n'aurais dû revenir ici. Je m'arrangerai avec les gens qui l'ont adopté. Je travaillerai chez eux, s'il le faut. Je suis trop malheureuse. »

– « Votre mère vous empêchera de partir. »

Elle sait que je veux m'en aller. Ca ne fait pas son affaire : elle a besoin d'une domestique. Elle me répète que je ne pourrai pas voir le petit ; qu'on me mettra à la porte. Je ne la crois pas. Donnez-moi l'argent, Madame Bonviolle, sinon je ferai n'importe quoi.

Juliette ouvrit le tiroir de sa table de nuit, et lui tendit son sac :

– « Prenez, dit-elle, ce qu'il vous faut. »

Renée mit les billets dans sa poche. Elle se leva, et regarda autour d'elle, comme si elle cherchait quelque chose, parlant nerveusement et très vite :

– « Je vous rembourserai dès que j'aurai commencé à travailler. Je ne dirai à personne que vous m'avez donné cet argent. Je remonte chez moi, je fais semblant de dormir, et je me relève à trois heures pour aller à la gare. Au revoir, Madame Bonviolle, merci. J'espère que je vous reverrai. »

José Cabanis – *Une femme dans la ville*

→ *traduction p. 151*

70 - Conflit de génération

Elle leva la tête en fronçant un peu les sourcils. Il souriait toujours. Elle hésita, mais pourtant elle finit par dire, en essayant de durcir un peu sa voix :

– « Je ne voudrais pas que tu t'imagines que je vais tout te passer. Et il ne faut pas croire non plus que je te soutiendrai forcément, si ton père te trouve à redire. Je sais qu'il est un peu vieux jeu, c'est pourquoi je voudrais m'efforcer d'arrondir un peu les angles. Mais il faudra aussi que tu y mettes du tien. A Dole, tu as pris des habitudes de liberté, ici «...

Julien l'interrompit en riant.

– « Ah ! tu sais, la liberté chez le père Petiot. J'aurais voulu t'y voir. »

La mère posa son bas et sa boule de buis sur la table, hochant la tête, elle murmura :

– « Mon pauvre grand, je me doute bien que ça n'a pas dû être tout rose pour toi, mais je te demande seulement de ne pas trop te heurter avec ton père. Déjà tout à l'heure, tu es rentré en retard. Il n'a rien dit, mais ça l'énerve, je le vois bien. »

Bernard Clavel – *Celui qui voulait voir la mer*

→ *traduction p. 152*

71 - Un voyage perturbé

Minuit, gare de Lyon. Mon père, mon frère aîné et moi-même nous apprêtons à prendre l'Orient-Express pour aller passer Noël en Suisse avec ma mère.

La nuit est claire, gelée et belle. En bons fils, nous suivons notre père qui arpente le quai d'un pas de propriétaire vers la très vieille voiture wagon-lit...

Tout va bien. Nous aurons des compartiments communiquant les uns avec les autres. Ce sera un voyage de roi... L'heure du départ est là.

Cinq heures du matin. Le train s'est arrêté à Frasne, petite gare du Jura. Mon père, vêtu d'un pyjama bleu tendre, fait irruption dans notre compartiment.

– « On devrait être repartis depuis plus de trois minutes. »

– « Ah, bon. »

Il baisse notre vitre. Un employé se profile, une lanterne à la main.

– « Que se passe-t-il ? »

– « C'est une panne. Recouchez-vous. »

– « Nom de Dieu ! Debout les gars. Faut aller voir ! »

Mon pauvre frère et moi, nous nous habillons comme nous le pouvons et suivons notre père le long du couloir... Vingt minutes plus tard, nous repartons vers une Suisse dont l'existence commence à me paraître douteuse...

J'aimais bien voyager avec mon père. Même sur une même ligne, c'était toujours beau et toujours différent. Et puis en ai-je appris des choses !

Pascal Jardin – *Le nain jaune*

→ *traduction p. 153*

72 - Un dilemme

Il m'écoutait, le menton sur la paume de sa main et je ne pouvais plus m'arrêter de parler. Depuis si longtemps, j'avais gardé toutes ces choses pour moi seul sans avoir l'occasion de me confier à quelqu'un...

– « L'homme ne s'appelait pas Neal et n'était pas américain comme il le prétendait... Il s'appelait Paul Alessandri et il est originaire de Nice... Je l'ai su par un de ses amis d'enfance qui est photographe sur la Promenade des Anglais et qui avait pris une photo de nous. »

Je sortis de mon portefeuille la photo et la lui tendis. Il la saisit délicatement entre le pouce et l'index comme l'aile d'un papillon mort et la posa sur son bureau, sans la regarder.

– « Ce Paul Alessandri est le troisième à partir de la gauche. Il a été groom à l'hôtel Ruhl... Il a fait de la prison »...

Du bout des doigts, il poussa la photo vers moi. Il dédaignait ce document. Et Paul Alessandri, bien qu'il eût fait de la prison, ne l'intéressait en aucune manière.

– « Mon amie portait sur elle un bijou de très grande valeur »...

Tout allait basculer pour moi. Il suffisait de donner encore quelques autres détails et une période de ma vie s'achèverait, là, dans ce bureau de l'intendance de police. L'instant était venu – j'en avais la certitude – où il ôterait la housse noire de la machine à écrire et poserait cette machine, devant lui, sur son bureau. Il y glisserait un feuillet et le ferait tourner dans un crissement. Puis, il lèverait son visage vers moi et me dirait, d'une voix douce :

– « Je vous écoute. »

Patrick Modiano – *Dimanches d'août*

→ *traduction p. 154*

73 - Hospitalité

C'était le jour de fermeture hebdomadaire de sa boutique, le seul matin où il pouvait dormir au lieu de se lever à quatre heures. Dans sa cuisine, Raoul Jourdan, le boulanger, songeait à son étrange visiteur tout en buvant son café et en croquant son pain beurré. Pourquoi s'était-il arrrêté, hier, au bord de la route ? Pourquoi avait-il recueilli le vieil homme dans sa voiture ? Et pourquoi, à présent, sur la table, en face de lui, disposait-il avec tant de soin un second bol, une serviette blanche, un pot de lait chaud et une corbeille de pain ?

Sa femme avait haussé les épaules devant tout ce déploiement inattendu :

– « Qu'est-ce qui te prend ? Tu ne le connais même pas. »

– « Il m'a dit qu'il s'appelait Benoît et qu'il s'en allait à Rome »...

Quand le vieil homme entra, Raoul se leva.

– « Pour moi, tout cela ? » demanda Benoît.

– « Vous n'avez presque rien mangé hier soir. J'ai pensé que vous auriez faim. »

– « Et vous avez eu raison », dit Benoît en s'asseyant sur le banc, après avoir béni la table.

Un peu plus tard, dans la fourgonnette de Raoul, ils arrivèrent en vue de la petite ville de Castellane.

– « Laissez-moi ici », dit Benoît. « Je dois marcher. J'irai seul. »

d'après Jean Raspail – *L'anneau du pêcheur*

→ *traduction p. 155*

74 - Première rencontre entre Elsa et son « nègre »

Elle est revenue avec sa théière, elle a empli une tasse, me l'a tendue, en a empli une autre pour elle. Elle a désigné les gâteaux secs : « Servez-vous ». Elle s'est assise sur un coussin. J'ai noté qu'elle avait l'habitude de s'asseoir par terre. Elle a eu des gestes précis pour attirer d'autres coussins et les disposer autour d'elle afin de s'installer à son aise. Ça m'a étonné. Je m'attendais à rencontrer une personne plus conventionnelle. Du coup, dans mon fauteuil, c'est moi qui me suis senti conventionnel. Elle a engagé la conversation :

– « Vous faites ce métier depuis longtemps ? »

– « Une douzaine d'années... une quinzaine plutôt. »

– « Comment peut-on être amené à écrire les livres des autres ? J'espère que je ne suis pas trop indiscrète. »

– « Pas du tout. Au début je l'ai fait pour gagner ma vie, et puis je l'ai fait par goût. Ça ne me sort pas de l'écriture et je m'enrichis du vocabulaire des uns et des autres... Ça me permet d'écrire mes propres livres.

– « Je m'excuse, je n'ai lu aucun de vos livres. Vous écrivez des... des... »

– « Des romans... oui, des romans policiers... enfin je voudrais écrire des romans que les critiques ne qualifieraient pas uniquement de policiers. »

– « Et vous n'y arrivez pas ? »

– « Si, j'y arrive, mais ils ont peu de succès. Je n'en vis pas. »

Marie Cardinal – *Les grands désordres*

→ *traduction p. 156*

75 - Un incident désagréable

Ayant laissé la voiture au garage, ils décidèrent d'attendre dans un café. Les longues files de maisons qui s'étendaient de chaque côté de la route ne formaient pas un village. C'était plutôt comme un faubourg lointain de Chartres, avec des maisons basses, et ça et là une devanture terne d'épicerie de campagne. Deux enfants couraient l'un après l'autre. On entendait quelqu'un frapper régulièrement une pièce de métal dans un atelier voisin. Ils se dirigèrent vers le café le plus proche. C'était l'heure creuse. Il n'y avait personne. Un chat dormait sur le comptoir. Le patron apparut au bout de quelques instants, comme à regret, en traînant les jambes. Ils commandèrent n'importe quoi pour justifier leur présence. Pendant qu'il les servait, elle avait tiré un poudrier de son sac et vérifiait son maquillage, machinalement [...]

On entendait la voix forte de Georges, d'autant plus forte qu'elle devait éliminer la concurrence du poste de radio, mis en marche depuis un instant par le patron. Ce dernier répondait placidement aux questions qu'on lui posait. Son interlocuteur s'intéressait à tout. Il désirait non seulement savoir le nombre d'habitants, les ressources du pays, la marche des affaires, mais sa curiosité s'étendait jusqu'à la contenance du percolateur, jusqu'au sexe du chat.

d'après Jean Fougère – *La panne*

→ *traduction p. 157*

76 - Une rue modeste

La rue des Arpenteurs est une longue rue droite, bordée de maisons déjà anciennes, de deux ou trois étages, dont les façades insufisamment entretenues laissent deviner la modeste condition des locataires qu'elles abritent : ouvriers, petits employés ou simples marins pêcheurs. Les boutiques n'y sont pas très reluisantes et les cafés eux-mêmes sont peu nombreux, non que ces gens-là soient particulièrement sobres, mais plutôt parce qu'ils préfèrent aller boire ailleurs.

Le café des Alliés est situé tout au début de la rue, au numéro 10, à quelques maisons seulement du Boulevard Circulaire et de la ville proprement dite, si bien que dans ses parages le caractère prolétarien des édifices se trouve plus ou moins hybridé de bourgeoisie. A l'angle du boulevard se dresse un grand immeuble en pierre, de très bonne mine, et, en face, au numéro 2 de la rue, une sorte de petit hôtel particulier d'un seul étage qu'entoure une étroite bande de jardin.

Alain Robbe-Grillet

→ *traduction p. 157*

77 - A l'auberge

Cette fois-là, nous nous sommes arrêtés dans l'auberge d'un gros bourg où ne viennent que des fermiers et des vieux qui parlent ensemble. C'est au Nord de l'Allemagne. La salle d'auberge est sombre, toute de bois lourd et patiné. Des bouteilles et des verres brillent entre le comptoir et la salle. Nous demandons à dîner. Le patron nous dit bonsoir, met notre table, nous sert à boire et à manger. Il a envie de nous parler.

Quand il sait que je suis français, il me dit vite, à voix basse, qu'il n'est pas comme les autres, qu'il est autrichien. Il a une sorte de désespoir hâtif dans la voix, il parle un français lourd et incorrect, il dit avec la même précipitation que tous n'ont pas été nazis, qu'il y avait beaucoup de gens contre, qu'il a fait la guerre et qu'il a vu des actions que tout son être refusait.

Je l'arrête en lui répondant que je m'en fous, que je ne suis pas ici pour ça, pour une sorte de pélerinage de ce style, que la guerre est finie, que je ne pense pas à ça.

Jacques Teboul

→ *traduction p. 158*

78 - Après une beuverie

LE ROI, *goguenard.*

Qu'est-ce qu'il y a, Becket?... Il est vrai que nous avons tellement bu cette nuit tous les deux ! *(Il le regarde, ravi)* Je suis bien content, pour une fois j'ai réussi à te surprendre, petit Saxon

THOMAS, *un genou en terre, soudain grave*

Mon prince, c'est une marque de votre confiance dont j'ai peur de ne pas être digne. Je suis très jeune, peut-être léger...

LE ROI

Moi aussi, je suis jeune, et tu en sais plus long que nous tous ! *(Aux autres)* il a étudié, vous savez ! C'est incroyable tout ce qu'il connaît. Il vous damerait le pion à tous. Même à l'Archevêque ! Quant à sa légèreté, ne soyez pas dupes. Il boit sec, il aime bien s'amuser, mais c'est un garçon qui pense tout le temps. Quelquefois, ça me gêne de le sentir penser à côté de moi... Relève-toi, Thomas. Je ne faisais rien sans ton conseil, c'était secret, maintenant ce sera public, voilà tout. *(Il éclate de rire)*

Jean Anouilh – *Becket*

→ *traduction p. 158*

79 - Projets d'avenir

– « Figurez-vous, Henrich », dit la jolie Viennoise en prenant le bras du jeune homme, « qu'il y a plus d'une heure que je suis habillée et prête à sortir. C'est pour vous, Henrich, que je fais à ma tante tous ces petits mensonges dont je me repens et que je recommence toujours.

Aussi, quelle idée avez-vous eue de vous livrer au théâtre ; c'était bien la peine d'étudier si longtemps la théologie à Heidelberg ! Mes parents vous aimaient et nous serions mariés aujourd'hui. Au lieu de nous voir à la dérobée, nous serions assis côte à côte à la maison, causant de l'avenir de nos enfants : ne serait-ce pas, Henrich, un sort bienheureux ? »

– « Oui, Kathy, mais que veux-tu ! C'est un ascendant invincible ; le théâtre m'attire ; j'en rêve le jour, j'y pense la nuit ; je sens le désir de vivre dans la création des poètes, il me semble que j'ai vingt existences. Chaque rôle que je joue me fait une vie nouvelle ; toutes ces passions que j'exprime, je les éprouve ; je suis Hamlet, Othello, Charles Moor... »

– « C'est fort beau ; mais vous savez bien que mes parents ne voudront jamais d'un comédien pour gendre. »

d'après Théophile Gautier – *Deux acteurs pour un rôle*

→ *traduction p. 159*

80 - Qu'est-ce que l'art ?

Avez-vous remarqué qu'il y a une foule de choses que les hommes font, qu'ils admirent et qui pourtant, ne servent à rien du tout ?

A quoi sert, je vous le demande, la broderie sur un vêtement ? Elle prend beaucoup de temps et ne rend le vêtement ni plus chaud, ni plus commode. A quoi servent les fleurs peintes sur les assiettes ? Ceux d'entre vous qui sont allés quelquefois à la ville connaissent la vieille cathédrale dont les pierres noircies par le temps sont chargées d'ornements. A quoi bon ces sculptures, ces statues, un argent fou et peut-être plusieurs siècles de travail ? Quatre murs et un bon toit auraient bien fait l'affaire !

C'est vrai, me direz-vous, tout cela ne donne point de profit, mais ce n'est pas non plus de la peine perdue ! C'est là ce qu'on appelle l'art.

L'art nous donne une joie que lui seul peut nous donner, cette joie qui émeut notre coeur quand nous sommes en face d'une belle chose.

Elie Pécaut

→ *traduction p. 159*

Traductions proposées

21 - Das Leben des Seemanns

Der Fischer denkt nur an das Meer. Er spricht immer wieder / unaufhörlich davon / von ihm, und fürchtet es nicht. Er hört nicht auf, sich über seine Schönheiten / über dessen Schönheiten zu wundern. Er beklagt sich nicht über sein gefährliches und mühsames Leben. Er findet Spaß daran / er hat seine Freude daran, er ist daran gewöhnt und möchte um keinen Preis darauf verzichten / auf keinen Fall darauf verzichten. Er begnügt sich nämlich / tatsächlich mit wenig und beneidet die anderen nicht. Außerdem fehlen ihm auf dem Meer weder Unterhaltungen noch Beschäftigungen. Von allerlei Gefahren umgeben, verlässt er sich auf seine Geschicklichkeit und sein Glück. Er weiß, daß sein Erfolg zum Teil von ihm abhängt. Er bereitet sich sorgfältig darauf vor, kümmert sich um die kleinsten / geringsten Details / Einzelheiten, interessiert sich für alles, erspart sich keine Mühe und glaubt an sein Schicksal.

22 - Unser Landhaus

Mein Vater hat ein kleines Landhaus gekauft. Es ist nicht ganz neu. Es fehlen einige / ein paar Ziegel auf dem Dach, einige / ein paar Backsteine an den Mauern, eine oder zwei Scheiben an den Fenstern. Es handelt sich / geht darum, dies alles auszubessern / zu reparieren, ohne einen Maurer oder Dachdecker kommen zu lassen. So tue ich mein Bestes, um meinem Vater bei dieser Arbeit zu helfen. Und ich freue mich schon darauf, für nur einen Tag Anstreicher und Tapezierer zu werden.

Denn wir werden auch das Innere einrichten, bevor wir einziehen. Unser Esszimmer wird rustikal sein. Die Balken an der Decke werden nicht angestrichen werden, sondern ihre natürliche Farbe behalten. Eine an einem von diesen Balken hängende Lampe wird den langen Tisch beleuchten, um den die mit Stroh bezogenen Stühle stehen werden. Es wird das geräumigste Zimmer unseres Landhauses sein. Mein Zimmer liegt unter dem Dach; aber ich werde es nach meinem Geschmack einrichten dürfen.

23 - In der Bibliothek

Um halb neun ist noch niemand in der Bibliothek. Sie befindet sich im Souterrain / im Untergeschoß, aber durch das Glasfenster oben in der Wand sieht man die Bäume des Gartens und die Füße der Passanten. Ich habe einen Blinden erblickt, der sehr schnell ging und die mit Kieselsteinen bedeckte Allee nur leicht mit seinem Stock berührte. Wahrscheinlich arbeitet er hier. Trotz seines lebhaften Schrittes ist er mir nicht jung vorgekommen.

Ich sitze an einem Ende des langen Tisches, der unter dem Glasfenster steht. Ich bleibe nicht lange allein. Die anderen Leser sind hauptsächlich Studenten, Griechen und Franzosen. Wir sagen uns leise „Guten Morgen" / wechseln ein leises „Guten Morgen"[1], als hätten wir Angst / als fürchteten wir, den hier wohnenden Geist aufzuwecken.

1. *ein leises* « Guten Morgen » : le « bonjour » est ici considéré comme un substantif neutre.
Rien à voir avec : *der Morgen* = le matin

24 - Die Abfahrt

Wir sprachen von der Abfahrt – nur noch einige Tage / ein paar Tage – als das Telefon klingelte / läutete.

„Nadine, meine Liebe / mein Schatz, wie geht es dir? Wie bitte? Du willst kommen? Schon morgen? Also gut. Wir werden dich am Flughafen abholen. Bis morgen!"

Diane legte wieder auf. „Ich frage mich nur, wie es ihr gelungen ist / wie sie es geschafft hat, unsere Telefonnummer zu bekommen. Sie hat wahrscheinlich nicht gewagt, meinen Vater anzurufen".

Als ich Diane anschaute, wurde mir klar, dass dieser Besuch ihr keine Freude machte / dass sie von diesem Besuch nicht begeistert war. „Du hättest ablehnen sollen / du hättest nein sagen sollen", sagte ich.

„Wieso? Sie kommt jedes Jahr hierher. Sie hatte ihren Fahschein / ihre Fahrkarte schon gekauft."

25 - Mit der Eisenbahn

Der Zug fährt wieder ab. Wie langweile ich mich in meinem Abteil! Was die Reise in einem langsamen Zug erträglich macht (dies ist zweifelsohne ein Personenzug), sind die Mitreisenden : diejenigen / die, die man ansieht / anschaut, diejenigen / die, denen man zuhört; die, die einsteigen / die, die man mitnimmt / und die, die aussteigen / die, die man absetzt / die, die man eine Minute, zwei Minuten auf dem Bahnsteig eines kleinen Bahnhofs erblickt, wohin sie selbst nur gekommen sind, um Sie / einen nur vorbeifahren zu sehen.

26 - Das Wandern

Ich kenne nur eine einzige Art zu reisen, die angenehmer ist als reiten / mir ist nur eine Art des Reisens angenehmer als das Reiten : das Wandern. Man bricht je nach seinem Wunsch auf / wann man Lust hat / man macht einen Halt / eine Pause je nach seinem Willen, man macht soviel oder sowenig körperliche Übung, wie man will. Man beobachtet die ganze Gegend; man macht einen Bogen nach rechts, nach links / man biegt nach rechts oder nach links ab; man betrachtet alles, was einem gefällt; man bleibt bei allen Aussichtspunkten stehen / vor jedem Panorama stehen. Erblicke ich einen Fluss, gehe ich an diesem Fluss entlang: einen dichten Wald, so gehe ich in seinen Schatten; eine Grotte, besichtige ich sie.

Ich halte mich überall auf, wo es mir gefällt; sobald ich mich langweile, gehe ich. Ich bin weder von Pferden, noch vom Kutscher abhängig. Ich gehe überall hin, wo ein Mensch hingehen kann, ich sehe alles, was ein Mensch sehen kann, und da alles nur von mir abhängt, genieße ich soviel Freiheit, wie ein Mensch genießen kann / genieße ich die ganze Freiheit, die ein Mensch überhaupt genießen kann.

27 - Ein launischer Freund

Wenn man sieht, was in Serferana, einem kleinen italienischen Dorf vor sich geht, das nur achthundert Meter vom Vulkan Ätna entfernt ist, staunt man wirklich / ist man wirklich erstaunt: die Liebe der Sizilianer zu ihrem Vulkan wird nicht geringer, wenn der Vulkan ausbricht. Im Gegenteil, die Einwohner vergleichen ihn mit einem wechselhaften Freund, dessen Launen zwar gefährlich, aber überwindbar sind.

Der Ätna hat eine Menge Häuser und Besitzungen verschlungen, zahlreiche Dächer zerstört und viele Schäden angerichtet / verursacht. Alte Häuser sind zusammengebrochen, aber egal, sagen die Einwohner, da sie beträchtliche Entschädigungen bekommen / erhalten. Die Sizilianer sind große, in ihren Vulkan verliebte Philosophen.

28 - Welche Medien ?

Es gibt viele Magazine / Zeitschriften, aber wenige wirklich interessante Zeitungen, deren Artikel die Mehrheit des Publikums erreichen / interessieren. Die Leser der sogenannten seriösen Presse sind Ingenieure, Führungskräfte / leitende Angestellte, die Intellektuellen. Aber die meisten lesen kaum noch Zeitungen. Sie ziehen die Tagesschau im Fernsehen vor. Sobald sie wieder zu Hause sind / sobald sie nach Hause zurückgekehrt sind, schlucken sie das Abendbrot herunter und setzen sich vor ihren Fernseher.

Was schauen sich die meisten an? Fernsehspiele, einen guten Krimi oder ein politisches Interview. Nach einem anstrengenden Arbeitstag schlafen sie müde ein und vergessen am folgenden Tag sehr schnell wieder, was sie am vorigen Tag auf dem Bildschirm gesehen haben.

Wenn ich für mein Teil / meinerseits mit dem Zug nach Lyon fahren muss, wo ich den Tag geschäftlich / dienstlich verbringen soll, kaufe ich die erstbeste Zeitung. Beim Lesen merke ich öfters, dass der Journalist ganz andere Meinungen hat als ich, dass er nur oberflächliche Fachkenntnisse im Bereich hat, von dem er schreibt, und seinen Artikel mit einer lustigen aber nutzlosen Bemerkung beendet / beschließt. Zeitungen unterhalten mich, aber ich fühle mich blasiert.

29 - Die Truppe des Signor Vitalis

Als wir an der Brücke ankamen, die Bordeaux mit La Bastide verbindet, hatte Vitalis nicht die Zeit gehabt, von hundert Fragen auf eine einzige zu antworten, die ich ihm stellen wollte.

Bisher hatten wir uns nie sehr lange in den Städten aufgehalten, die sich auf unserem Weg befanden, denn die Notwendigkeiten unseres Schauspiels zwangen uns dazu, jeden Tag den Ort unserer Aufführungen zu wechseln, um jedes Mal ein neues Publikum zu haben. Mit Schauspielern wie diejenigen, aus denen die „Truppe des berühmten Signor Vitalis" bestand, konnte das Repertoire tatsächlich nicht sehr vielseitig sein. Nach drei oder vier Stücken, unter anderem „ Der Tod des Generals" und „Der Triumph des Gerechten", war es zu Ende, unsere Schauspieler hatten ihr Bestes hergegeben.

30 - Ein sportlicher Junge / der Sportler

Welsch war erstklassig beim Tennis, beim Schwimmen, beim Fußball, beim Skilaufen und immer an der Spitze beim Bergsteigen samstags. Paul gefiel es, an seinem Arm hängend zu laufen, denn Welsch, der drei Jahre älter war als er, nahm ihn unter seinen Schutz. Er lehrte ihn (den) Fußball und (das) Skilaufen, wobei sich Paul auszeichnete und bald zu einem der besten in der Schule wurde. Dafür machte er Welsches Französischarbeiten, brachte dessen Zimmer in Ordnung / räumte dessen Zimmer auf und war mit der Unterhaltung seines Schiffes beauftragt.

Welche Freude für Paul, wenn sich Welsch in die Riemen legte! Welcher Stolz, mit dem besten zu sein, und welche Freude, alles zu betrachten, was Welsch nicht einmal ansah / anschaute / worauf Welsch keinen Blick warf, nämlich das Licht über der Stadt und den Höhen / Hügeln, die Martinkirche und vor allem den See, wo das Abenteuer begann.

31 - Wettkampf und Doping

Als Katrin Krabbe, doppelte Weltmeisterin, erst zweiundzwanzig Jahre alt, und Grit Breuer, Vize-Weltmeisterin, des Dopings überführt wurden, stellten sich die Leute aus der Welt des Sportes viele Fragen. Würden sie ihre Karriere fortsetzen können? Würde ihre Karriere bedroht sein?

Anscheinend wurden sie für vier Jahre suspendiert. Sie wurden von dem deutschen Athletikverband ausgeschlossen, weil sie die Regeln des internationalen Olympischen Komitees nicht beachtet hatten. Das internationale Athletik-Komitee sprach sich gegen die zwei ostdeutschen Sprinterinnen aus: ihre Karriere war praktisch beendet / somit war ihre Karriere praktisch beendet.

32 - Der Rhein

Der Rhein weist die verschiedensten Merkmale / Aspekte auf. Bald breit, bald eng, ist er von einer meergrünen Farbe, durchsichtig, rasch, fröhlich und gewaltig. In Schaffausen* ist er ein wilder Bergstrom, in Laufen ein Strudel, in Säckingen ein Fluss, in Mainz ein breiter Strom, in Sankt-Goar ein See, und in Leyden ein Sumpf. Der berühmteste und bewundertste / am meisten bewunderte Teil des Stromes, für den Geologen am reichsten, für den Historiker am bemerkenswertesten und für den Dichter am schönsten, ist der mittlere Abschnitt. Dies ist die berühmte Strecke von Mainz bis Köln, die fast alle Touristen innerhalb von vierzehn Stunden an den langen Sommertagen fahren.

* In Schaffausen gleicht er einem wilden Bergstrom, in Laufen einem Strudel, in Säckingen einem Fluss, in Mainz einem breiten Strom, in Sankt-Goar einem See, und in Leyden einem Sumpf.

33 - Der Bastler

Tastard ist Mechaniker: er träumt davon / sein Traum: (ein) Motorrad und wer weiß, vielleicht ein Auto zu fahren, vielleicht Pilot zu werden. Er verbringt viel Zeit damit, elektrische Schalter und Beleuchtungsapparate ab- und anzuschrauben, sowie Möbel- oder Türschlösser zu reparieren. Ich vermute sogar, dass er sie ab und zu kaputt macht, um einen guten Vorwand zu haben, an ihnen herumzufingern. Er will das Büro mit einer Erfindung beglücken, die er an Ort und Stelle entwickelt: eine Maschine zum Aufkleben der Briefmarken!

34 - Ein sechsunddreißigjähriger Baron

Die Barone der amerikanischen Presse zählen ein neues Mitglied: William D. Singleton. Dieser Texaner, der innerhalb von fünf Tagen zwei Tagesblätter / Tageszeitungen gekauft hat, hat seine Karriere mit fünfzehn Jahren als freier Journalist in seiner Geburtsstadt / seiner Heimatstadt Graham begonnen, bevor er vier kleine Zeitungen erwarb, nachdem er sein Studium an der Universität Texas absolviert hatte / nachdem er die Universität Texas verlassen hatte. Er hat den Ruf eines unerbittlichen Geschäftsmannes, der sich auf marode Presseunternehmen spezialisiert hat, deren Personal und Kosten er reduzieren kann.

35 - Der Fremde

– „Sag mal / sprich, Du Fremder, wen hast du am liebsten / wen liebst du am meisten? deinen Vater, deine Mutter, deine Schwester oder deinen Bruder?"

– „Ich habe weder Vater, noch Mutter, noch Schwester, noch Bruder."

– „Deine Freunde?"

– „Sie gebrauchen hier ein Wort, dessen Bedeutung mir bisher unbekannt geblieben ist."

– „Deine Heimat?"

– „Ich weiß nicht, auf welchem Breitengrad sie liegt."

– „Die Schönheit?"

– „Ich würde sie lieben, wäre sie eine unsterbliche Göttin."

– „Das Gold?"

– „Ich hasse es."

– „Wen liebst du denn, Fremder?"

– „Ich liebe die Wolken, die dort vorbeiziehenden, wunderbaren Wolken!"

36 - Zwei Kinder im Restaurant

– „Was wollt ihr, Kinder?"

– „Wir möchten essen".

– „Kommt her / Hier geht's lang! Diese Richtung / in diese Richtung... / Kommt mit mir!"

Die Kellnerin nimmt uns mit / sie führt uns und wir gehen durch den Saal, man hört das laute Geklirr der Gabeln und Messer / Gabeln und Messer lassen ein lautes Geklirr hören.

An der Theke / gegen die Theke steht ein kleiner runder Tisch ohne Tischtuch, auf den sie zwei Teller hinstellt.

Ich betrachte die Gäste. Es sind keine Bauern : sie bieten jene Mischung, die man auf Bahnhöfen oder in Warteräumen zu sehen bekommt, aber diese Männer und diese Frauen kommen aus der Stadt. Es gibt auch Kinder, sehr junge Kinder sogar.

Es sind Leute wie wir, die auf der Flucht sind, Juden natürlich, und sie warten, um über die Grenze zu gehen. Aber worauf warten sie? Es ist vielleicht schwieriger, als wir es vermuten.

37 - Vier Tage Urlaub für einen Angestellten

Als ich aufwachte / erwachte / Beim Aufwachen wurde mir klar / ging mir auf, warum mein Chef unzufrieden / geärgert / böse aussah / eine unzufriedene / saure Miene machte, als ich ihn um zwei Tage Urlaub bat : heute ist nämlich Samstag / heute haben wir Samstag. Ich hatte es sozusagen vergessen, aber beim Aufstehen fiel es mir ein / ist es mir eingefallen. Natürlich hat mein Chef [daran] gedacht, dass ich so / auf diese Art mit dem Sonntag vier Tage frei haben würde, und dies konnte ihm keine Freude machen. Aber einerseits ist es nicht meine Schuld / bin ich nicht schuld daran, wenn Mutter gestern statt heute beerdigt worden ist / beerdigt wurde / und andererseits hätte ich den Samstag und den Sonntag auf jeden Fall frei gehabt. Selbstverständlich hindert es mich nicht daran, meinen Chef zu verstehen.

38 - Die Ankunft des Fremden

Diese friedlichen Bauern wurden plötzlich durch die Ankunft eines Fremden beunruhigt; selbst am helllichten[1] Tag ist ein Fremder etwas Seltenes in diesem kleinen Dorf Rünenberg; aber was soll man von einem Fremden sagen, der zu ungehöriger Zeit am Abend, kurz vor Sonnernuntergang, plötzlich erscheint / auftaucht?...

Dieser war vor dem ersten Haus des Dorfes stehen geblieben und hatte darum gebeten, man möge ihm das Haus des Bürgermeisters zeigen.

Und das Gerede fing schon an... „Diese Fremden grüßen ja niemanden", sagte Buruhi, der Gastwirt, beide Hände über den dicken Bauch verschränkt. „Ich kann euch versichern, dass er von der Stadt kommt", sagte der alte Siebenhaar, der einst Soldat in Frankreich gewesen war / im französischen Heer gedient hatte. Errötend, aufgeregt, fingen die Mädchen an, leise zu tratschen. Die Burschen standen beim Brunnen und bildeten eine bedrohliche Gruppe. Sie wollten zuerst abwarten, bereit, einzugreifen.

1. *hell* (clair) et *licht* (lumineux) sont deux adjectifs accolés et formant un adjectif composé. L'ancienne orthographe avait supprimé un l, la nouvelle les rétablit tous les trois.

39 - Napoleon und Werther

Für die Franzosen ist Goethe zuerst / zunächst der Verfasser von „Werther" gewesen. 1774 veröffentlicht, wurde dieser Roman schon 1776 ins Französische übersetzt und er sollte die „sensiblen Seelen" seiner / dieser / der Zeit so sehr rühren, dass auf diese erste französische Fassung / Version mehrere andere folgten, die nacheinander bis 1789 erschienen sind. In Frankreich wurde „Werther" immer wieder gelesen.

Im Jahre 1788 langweilte sich ein junger Artillerieleutnant in der Kleinstadt Auxonne in der Bourgogne (wo sich eine Garnison befand) und zwar so sehr, dass er „Werther" las, in dem er einen Helden fand, der ihm sehr wahrscheinlich nahe stand / mit dem er sich verwandt fühlte. Der junge Offizier hieß Napoleon Bonaparte. Zehn Jahre später fuhr er nach Ägypten; dabei lag ihm viel daran, seinen „Werther" mitzunehmen / im Gepäck zu haben. Zehn Jahre später empfing er den Dichter Goethe und wieder begann er im Gespräch über „Werther" zu sprechen / Als er zehn Jahre später den Dichter Goethe in Erfurt empfing, lenkte er schon wieder das Gespräch auf den „Werther".

40 - Das Mittagessen des Kaisers in der Gefangenschaft

Der Kaiser isst an einem kleinen Tisch in seinem Zimmer, es sei denn, dass er bei schönem Wetter in den Garten geht, um unter dem Zelt zu essen; er lädt / ladet dann den einen oder den anderen Gefährten, manchmal alle vier zusammen, zum Essen ein. Dieses Essen ist für die Zeit / eines der bescheidensten / äußerst bescheiden. Napoleon nimmt kaum etwas / nur einen kleinen Bissen / von einem Gericht zu sich, aber vorher isst er eine Suppe, die heiß sein muss. Er trinkt ein Glas Bordeaux-Wein, mit Wasser verdünnt. Am Ende eine Tasse Kaffee. Es dauert zehn, höchstens fünfzehn Minuten, mehr nicht. Napoleon macht eine Gartenrunde, tritt dann ins Wohnzimmer / ins Sprechzimmer / wieder ein, denn dieses Zimmer findet er am trockensten und am hellsten / ist für ihn das trockenste und das am besten beleuchtete : dort kann er übrigens, seiner Gewohnheit gemäß, umhergehen, mit den Händen / die Hände hinter dem Rücken / die Hände im Rücken verschränkt /, wobei er einem seiner Offiziere die Kommentare zu seinen Feldzügen diktiert.

41 - Mutter und Sohn

– „Du willst nicht sofort schlafen gehen? fragte sie, dann bleibst du ein wenig mit mir auf."

Julien zögerte einen Augenblick, bevor er fragte :

– „Bleibst du lange wach?"

– „In dieser Jahreszeit gehen wir gewöhnlich gleich nach dem Essen ins Bett, ohne das Licht anzumachen; aber da du hier bist, ist es anders."

Julien zögerte noch, bevor er antwortete :

– „Ich hatte nämlich Berthier versprochen, mich mit ihm zu treffen / ihn zu sehen."

Die Mutter, die sich eben gesetzt hatte und in ihrem Korb herumkramte, hielt inne und schaute auf.

– „Heute Abend?" sagte sie.

– „Natürlich."

– „Aber mit / bei all den Kilometern, die du heute Morgen gefahren bist, musst du die Nase voll haben. Du solltest eher ruhig bleiben / dich ausruhen."

– „Ich bin nicht müde, weißt du, ich bin das Fahren gewohnt."

Die Mutter hielt einen Seufzer zurück, und bemühte sich zu lächeln, wobei sie sagte :

„Wie du willst, aber dann solltest du lieber warten, bis dein Vater im Bett ist."

42 - Ein unerwartetes Wiedersehen / Treffen

Am Abend telegraphierte Rieux seiner Frau, die Stadt sei unter Quarantäne / sei abgeriegelt / die Stadttore seien geschlossen, es gehe ihm gut, sie solle sich weiter in Acht nehmen und er denke an sie.

Drei Wochen nach der Schließung der Tore fand Rieux am Ausgang des Krankenhauses einen jungen Mann, der auf ihn wartete.

– „Ich nehme an, / ich vermute, dass Sie mich wiedererkennen / Sie erkennen mich wieder."

Rieux glaubte ihn zu kennen, aber er zögerte.

– „Ich bin vor diesen Ereignissen zu Ihnen gekommen", sagte der andere, „um Sie nach den Lebensbedingungen der Araber zu fragen / um Informationen über die Lebensbedingungen der Araber bei Ihnen einzuziehen. Ich heiße Raymond Rambert."

– „Richtig", sagte Rieux. „Nun haben Sie einen prächtigen Stoff für eine Reportage."

Der andere sah nervös aus. Er sagte*, dass es nicht darum gehe, sondern dass er gekommen sei, um den Doktor Rieux um Hilfe zu bitten.

Er sagte*, es gehe nicht darum, sondern er sei gekommen, um den Doktor Rieux um Hilfe zu bitten.

43 - Eine Anekdote von Lucien Guitry

„Mein Großvater hatte am Ende seines Lebens / In seinen letzten Jahren hatte mein Großvater das Gehör fast ganz verloren. Er konnte kaum mehr etwas hören, wollte es aber nie zugeben. Eines Abends, während er die Zeitung auf seinem Zimmer las, suchte ich ganz oben in der Bibliothek / im Bücherregal ein Buch, das ich brauchte. Ich stolpere aber auf der Leiter, klammere mich ungeschickt an ein Bild : Katastrophe. Ich „fliege" hinab und reiße beim Fallen ein ganzes Regal, einen Bücherstapel mit. Mit einem fürchterlichen Lärm / Krach finde ich mich auf dem Boden wieder.

Im Nebenzimmer fragt mich der Opa : „Was ist los?" In meiner Aufregung schreie ich ihm irgendetwas zu :„Gar nichts. Ich habe eben meine Feder fallen lassen". Da hat Opa gelächelt und seine Zeitung wieder genommen : „Und dabei sagt man, ich sei taub!"

44 - Ein düsteres Zimmer

Er hielt eine ausgefaltete Zeitung in der Hand. Er hatte weder den Mantel ausgezogen noch den Hut abgelegt. Von Zeit zu Zeit blickte / sah er hinaus. Jedesmal war es ihm, als hätte der Regen aufgehört, dann sah er plötzlich wieder, wie der Regen dichter als vorher geworden war / wie der Regen stärker fiel als vorher.

– „Emily, ich bin zurück", sagte er nach einer Weile zu seiner Schwester.

Niemand antwortete. Doch stand die Tür des anderen Zimmers offen. Die vorbeifahrenden Busse ließen die Fensterscheiben klirren. Die Wohnung war nicht gelüftet worden. Sie wurde nie gelüftet... Plötzlich stand er auf, zog seinen Mantel aus und legte seinen Hut ab. Er hatte sich noch nicht gewaschen und fühlte sich hässlich und schmutzig. Dann ging er auf und ab. Seit mehreren Monaten warf er keinen Blick mehr in das jetzt von seiner Schwester bewohnte Zimmer. Wie sah alles um sie herum zugleich pompös und miserabel aus!

45 - Ein treuer Gefährte

Ihr letzter Gefährte war ein Hund. Er war vor ungefähr zehn Jahren, vielleicht noch mehr, gestorben. Seit diesem Tag hatte sie das Haus nicht mehr verlassen. Es war ein schwarzer, friedlicher und netter Hund, sie war aufs Land gegangen, um ihn dort zu holen. „Er war unglücklich, man hatte ihn nicht lieb und ließ ihn an einem Baum festgebunden." Er folgte meiner Mutter auf Schritt und Tritt. Wahrscheinlich erzählte sie ihm lange Geschichten in einem zärtlichen Ton und einander gegenübersitzend, aßen sie Kekse. Sie wollte ihn davon überzeugen, Gemüse zu essen, aber er mochte nur Fleisch. „Es liegt ja an seinem Instinkt, stellte sie mit Bedauern fest, er versteht nicht, daß er sich selbst schadet". Schließlich und endlich kaufte sie ihm ein amerikanisches Steak.

Er starb, als er sehr alt geworden war, eines Nachts im August / während einer Nacht im August ; sie erzählte es mir erst später.

46 - Der kleine Mann auf der Straße

Was Größe, Intelligenz oder Rang angeht, ist alles an mir mittelmäßig... Auf den ersten Blick könnte ich also annehmen, ich sei für diesen Wettbewerb / für dieses Preisausschreiben wie geschaffen. Wenn ich daran teilnehme, wird es jedoch ohne Überzeugung sein. Warum sollte ich dies nicht eingestehen? Was das Glück betrifft, so habe ich nie welches gehabt / so war ich stets ein Pechvogel. Ich habe nie zu denen gehört, die im Lotto gewinnen, nie befinde ich mich unter den achtunddreißigtausendsiebenhundertfünfzig Personen / Menschen, die von den Ermittlern des Meinungsforschungsinstituts über die internationale Lage befragt werden. Oft betrachte ich in der Zeitung das Foto dieser Unbekannten, die von den Reportern befragt werden und von ihnen „der kleine Mann" genannt werden. Die Reporter wollen erfahren, was sie von der Regierung, von den Preisen, vom Fernsehen oder vom Wahlverhalten[1] der Frauen denken. Aus der Masse auf gut Glück herausgefischt, stellen sie das dar, was ich bin, geben Antworten, die ich hätte geben können, sie sind ich selbst. Aber ich bin es nie.

1. le vote des femmes : das Wahlverhalten, das Abstimmungsverhalten = la manière dont elles votent ; das Frauenwahlrecht = le droit de vote pour ou chez les femmes

47 - Einsamkeit

Ich bin im Zimmer meiner Mutter. Jetzt wohne *ich* hier. Ich weiß nicht, wie ich hierher kam. Vielleicht in einem Krankenwagen oder jedenfalls in irgendeinem Fahrzeug. Mir wurde geholfen / man hat mir geholfen. Allein hätte ich es nicht geschafft. Dass ich hier bin, verdanke ich vielleicht dem Mann, der jede Woche hierher kommt. Er sagt nein / er verneint es. Er gibt mir ein wenig Geld und nimmt mir die Blätter weg. So viele Blätter, soviel Geld. Ja, ich arbeite ein wenig wie damals, nur dass ich nicht mehr arbeiten kann / nur kann ich nicht mehr arbeiten. Im Grunde spielt es keine Rolle [...] Habe ich nichts gemacht, dann gibt er mir nichts, er schimpft auf mich. Ich arbeite jedoch nicht für Geld. Wofür denn dann? Ich weiß es nicht. Ehrlich gesagt, was weiß ich schon...

48 - Macha und das Findelkind

Eine arme Frau hatte eine Tochter namens Macha. Als eines Morgens Macha ausgegangen war, um Wasser zu holen, erblickte sie am Boden neben der Tür ein in Lumpen gewickeltes Ding. In diesem Augenblick fing etwas zu schreien an :„Uh, uh, uh!" Macha bückte sich und sah, dass es ein ganz rotes Kindchen war, das so schrie.

Sie nahm es in ihre / die / Arme, brachte es nach Hause und begann, ihm Milch mit einem Löffel zu trinken zu geben. Ihre Mutter fragte sie :

– „Was hast du da gebracht?"

– „Ein Kindchen", antwortete Macha. Ich habe es an der Tür gefunden.

Und die Mutter sagte ihr :

– „Wir sind aber schon so arm! Können wir noch ein Kind ernähren?"

Macha brach in Tränen aus und sagte :

– "Mutter, es wird doch nicht viel essen, nehmen wir es zu uns / behalten wir es. Schau, wie die Haut seiner Finger rosig und runzelig ist!"

Die Mutter betrachtete es und bekam Mitleid. Sie behielt das Kind. Macha fütterte es, wickelte es in Windeln und sang ihm Lieder vor, wenn es im Bett lag.

49 - Das Kino

Es war die Unterhaltung / das Vergnügen der Frauen und der Kinder; meine Mutter und ich beteten es an / liebten es, aber wir dachten kaum daran und sprachen nie davon : spricht man vom Brot, wenn es nicht fehlt? Als wir seiner Existenz gewahr wurden, war es schon lange unser Hauptbedürfnis geworden. An den Regentagen fragte mich Anne-Marie, was ich zu machen wünschte, wir zögerten lange...

Im letzten Moment beschlossen wir immer, in ein Filmtheater[1] einzutreten. Mein Großvater erschien an der Tür seines Arbeitszimmers, wenn wir die Eingangstür aufmachten; er pflegte zu fragen : „Wohin geht ihr, Kinder?"

„Ins Kino", sagte meine Mutter. Er runzelte die Stirn und fügte sehr schnell hinzu. „Ins Pantheon-Kino, es ist gleich in der Nähe, ihr braucht nur die Soufflotstraße zu überqueren." Er ließ uns gehen, wobei er mit den Achseln zuckte.

1. Terme utilisé jusque dans les années 70.

50 - Die dritte industrielle Revolution

Der technische Fortschritt erlaubt es, von einer dritten industriellen Revolution zu sprechen. Denn unter der Wirkung / dem Einfluss des internationalen Wettbewerbs / der internationalen Konkurrenz hat sich der Produktionsapparat der industrialisierten Länder sehr schnell entwikkelt, die Informatisierung und die Robotisierung sind Schlüsselworte geworden und die Atomernergie hat in gewissen Ländern wie Frankreich klassische Energiequellen abgelöst. Neue Staaten haben sich als wirtschaftliche Großmächte durchgesetzt, dank ihrer Fähigkeit, die neuen Technologien zu integrieren, zu fördern und zu verbreiten.

51 - Die neuen Medien

Das Erscheinen des Radios, des Kinos / der Filmkunst und des Fernsehens hat das Bild der Macht, wie auch die Macht des Bildes völlig verändert. Sich dieser neuen Werkzeuge bedienen zu können / diese neuen Werkzeuge verwenden zu können ist für den Politiker ein unbedingtes Muss geworden. Das geht so weit, dass man sich die Frage stellt : soll ein Staatsmann das Talent eines guten Schauspielers besitzen? Es würde sich lohnen, diese Frage der Beziehung zwischen dem Schauspielerberuf und der politischen Karriere eingehender zu studieren. Dabei müsste man noch zwischen Radio, Kino und Fernsehen unterscheiden, zwischen diesen Instrumenten, die aufeinander gefolgt sind die nacheinander erschienen sind und jetzt koexistieren, nicht ohne einander zu beeinflussen. Denn das Radio und später das Fernsehen haben die Wirkung verändert, welche das Kino zuerst allein auf das kollektive Einbildungsvermögen ausgeübt hatte.

52 - (Das) Tele-Shopping

Dank eines vor ein paar Jahren verabschiedeten Gesetzes ist jetzt das Tele-Shopping über alle Fernsehprogramme möglich. Mehrere Beobachter schätzen, dass im Verlauf des ersten Jahres ein Umsatz von dreihundert Millionen Francs erreicht werden sollte. Ein privates Fernsehprogramm / eine private Fernsehanstalt hat diesen Typ von Versandverkauf / diesen Versandverkaufstyp / diese Art von... mit einem schlagkräftigen Partner gestartet : „Les trois Suisses". Nach dem berühmten Katalog wurde übrigens die Sendung, die jeden Morgen außer am Sonntag ausgestrahlt wird, genannt. Die Veranstalter / die Verantwortlichen haben den Eindruck, am Anfang eines riesigen / sensationellen kommerziellen Abenteuers zu sein. Einer von ihnen erklärte : „Wir haben alles getan, um die Qualität der Angebote zu garantieren, indem wir die Waren ausgewählt und eine schnelle Lieferung der Bestellungen organisiert haben."

53 - Der Mord

Vier Männer brachten den Verletzten in ein Hinterzimmer / in ein Zimmer ganz hinten, wo sie ihn auf ein Sofa hinlegten. Draußen hörte man die Stimme des Bürgermeisters, der Fragen stellte :

– „Ist der Kommissar hier?"

Maigret ging ihm entgegen, beide Hände in den Taschen.

– „Sie werden wohl zugeben müssen, Kommissar"...

Aber der Blick seines Gesprächspartners war so kühl, dass der Bürgermeister einen Augenblick lang die Fassung verlor.

– „Unser Mann hat es getan, nicht wahr? / Es war ja unser Mann, nicht wahr?"

– „Nein!"

– „Woher wissen Sie das?"

– „Ich weiß es, denn gerade als der Mord / das Verbrechen begangen / verübt wurde, konnte ich ihn ungefähr so gut sehen, wie ich Sie jetzt sehe..."

– „Und Sie haben ihn nicht verhaftet?"

– „Nein!"

54 - Verabredung im Café

Eines Tages waren Cynthia und ich in einem Café auf dem Platz der Komödie (auf dem „Place de la Comédie") verabredet. Da ich befürchtete, zu spät zu kommen / mit Verspätung anzukommen / einzutreffen, kam ich zwanzig Minuten zu früh und nutzte diese kurze Pause, um meinen Vater anzurufen, der von einem Jagdwochenende in Polen zurückkam [...] Wie immer spottete er über mein sogenanntes / vermeintliches Studium und erinnerte mich in einem trokkenen Ton daran, dass meine Stiefmutter und er – meine Mutter war in Biarritz ertrunken, als ich sechs Jahre alt war – mit meiner Anwesenheit zum Weihnachtsessen rechneten, was ich schon früher durch mehrere Briefe über dieses Thema erfahren hatte.

Gerade als ich den Hörer wieder auflegte, erblickte ich durch die Scheiben der Telefonzelle / durch die Glaskabine Cynthia, die schon im Café saß, ganz hinten, ohne zu wissen, daß ich schon angekommen war und meine „Gauloises-Zigaretten" und meinen dicken Ordner auf einen anderen kleinen runden Tisch gelegt hatte. Ich sagte mir, dass ich sie ebensogut beobachten könnte, wenn auch unauffällig [...] Das Mädchen hatte mich nicht gesehen, und nahm ihre winzige Schminkdose, fuhr ein paarmal mit dem Stift über die Lider und legte mit einem schmalen Pinsel frische Farben auf ihre Wangen.

55 - Kinderraub

Als ich sechs oder sieben Jahre alt war, wurde ich entführt. Ich erinnere mich nicht wirklich daran, denn ich war zu jung, und alles, was ich nachher erlebt habe, hat diese Erinnerung verwischt. Es sieht eher aus wie ein Traum, ein weit entfernter, schrecklicher Alptraum, der in gewissen Nächten wiederkehrt und mich sogar am Tage verwirrt / erschüttert. Es gibt diese sonnenweiße Straße, voller Staub und menschenleer, den blauen Himmel und den zerreißenden Schrei eines schwarzen Vogels; plötzlich werfen mich die Hände eines Mannes in einen tiefen großen Sack und ich ersticke. Lalla Asma ist es, die mich gekauft hat.

Darum kenne ich weder meinen echten Namen, denjenigen, den meine Mutter mir bei meiner Geburt gegeben hat, noch den meines Vaters noch den Ort, wo ich geboren bin. Das einzige, was ich weiß, ist was Lalla Asma mir gesagt hat, ich sei eines Nachts bei ihr angekommen, und aus diesem Grund habe sie mich Laïla, die Nacht, genannt. Ich komme aus dem Süden, von weit her, vielleicht aus einem Land, das nicht mehr existiert. Für mich hat es vorher gar nichts gegeben, gerade nur diese staubige Straße, den schwarzen Vogel und den Sack.

56 - Das Geheimnis

Im Jahre 1983 hatte sich Delphine scheiden lassen. Merkwürdigerweise hatte ich von ihr im Laufe des Sommers zwei Ansichtskarten aus Kreta und Jugoslawien bekommen / erhalten / empfangen. Ende November oder Anfang Dezember 83 rief mich Delphine an. Sie sagte mir, dass sie mir schon lange / seit langem etwas zu bringen habe / etwas bringen müsse. Dass sie mir schon vor Jahren davon erzählt hatte... Ein seltsamer Anruf / ein merkwürdiger Anruf, der mir geheimnisvoll vorkam. Ich erinnerte mich daran, dass sie mir bei ihrer Heirat – vier Jahre früher – von einem Geschenk erzählt hatte, das mir zukommen sollte. Welches war dieser Gegenstand, worüber sie so viele Geheimnisse machte?

Meine Schwestern und ich hatten nach dem Krieg im Kinoklub in Heilbronn / im Heilbronner Kinoklub einen schönen – eher grauen – Film gesehen, in dem zahlreiche Journalisten vergeblich suchen, welches der Sinn der letzten Worte eines Magnaten der amerikanischen Presse sein mag / was die letzten Worte eines Magnaten der amerikanischen Presse wohl bedeuten können; der Zuschauer ist der einzige*, der versteht, dass es sich um den Namen eines Schlittens handelt, auf dem im Winter das Kind mit großem Spaß glitt / schlitterte.

Ich empfand etwas Ähnliches.

* Als einziger versteht der Zuschauer... : le spectateur est le seul à comprendre...

(Cf. *Als erster verstand er, dass...* : il fut le premier à comprendre que...)

57 - Abschied

Unsere Vettern sind am nächsten Morgen abgereist. Sie haben in den folgenden Monaten einige Karten aus Montreal geschrieben, dann haben wir sie völlig aus den Augen verloren. Ich habe das Abitur im September nicht bestanden, ich bin in eine andere Stadt gezogen, dann nach Paris auf die Universität. Dan ist allein zu Hause geblieben. Durch die Briefe meines Vaters wusste ich, daß er sich nur noch für das Tanzen interessierte. Jetzt verbrachte er alle Abende im neuen Konservatorium am anderen Ende der Stadt, mein Vater dachte, dass er nicht mehr studieren würde. Aus dem, was er schrieb, entnahm ich, dass Dan kaum noch zu Hause war, dass er sich einer Gruppe / Bande von Kameraden angeschlossen hatte, die meinem Vater nicht gefiel / die mein Vater missbilligte und dass unsere Familie in die Brüche gegangen war. Unsere Mutter vertiefte sich in ihren Traum.

58 - Ein genussvoller Augenblick

Seit ihrer Ankunft am Morgen bei Madame de Chartreux hatte sie darunter gelitten, nicht rauchen zu können. Auf dem Boulevard trat sie in ein Tabakgeschäft, setzte sich dann an eine Caféterrasse. Es war heiß. Schnell zündete sie sich eine Zigarette an. Einige Minuten lang dachte sie an nichts mehr und genoss nur ihre Freude: die wiedergefundene Freiheit, den Zigarettenrauch, dessen Duft sie vergessen zu haben glaubte und die Kühle des Glases in ihrer Hand. Sie streckte die Beine aus und schloss die Augen. In der Hitze des Boulevards spürte man plötzlich[1] / auf ein Mal einen frischen Luftzug: ohne dass Juliette wußte warum, erinnerte sie sich in diesem Augenblick an einen Namen, an den sie seit Monaten nicht mehr gedacht hatte. Er rief die Bilder eines anderen Sommers wach: ein Haus mitten unter den Kiefern, in der Nähe des Ozeans, zu dem ein Sandpfad führte.

1. On est obligé d'ajouter « *plötzlich* » ou « *auf ein Mal* », ce qui rend la nuance du passé simple : il y eut. Sinon « *man spürte* » signifierait : on sentait (= il y avait un courant d'air)

59 - Liebesgespräch

Am anderen / folgenden Tag, während es noch ab und zu regnete / trotz einiger Schauer, ging er zu seinen Kunden. Eine undankbare Arbeit! Er erinnerte sich beschämt an die Art, wie er sich Eliane vorgestellt hatte : als ein Künstler, oder wenigstens ein zukünftiger Künstler. Als sie ihn gefragt hatte, ob er die Kunstschule besuche / besuchte, hatte er sogar geantwortet : „Nein, aber ich denke daran", während sie ihn nie angelogen hatte. Als sie sich eines Tages – sehr wahrscheinlich zu / mit Recht – über ihren Mann beklagte, und er sie fragte, warum sie sich nicht dazu entschloss, ihn zu verlassen, hatte sie ihm gesagt :

– „Wenn ich ihn verlasse, dann werde ich jedenfalls nicht mit dir zusammen leben. Du bist zu"...

Sie fing wieder an :

– „Ich bin zu alt."

Dann fuhr sie mit den Fingern über ihre Schläfe, als wollte sie eine Haarsträhne wegwischen.

– „Schau mal! Mein Haar wird langsam weiß / ergraut langsam / Ich bekomme langsam weißes Haar."

Ihre Stimme, als sie diese Worte gesagt hatte. Das, woran er sich immer am besten erinnerte, wenn er jemand / einen Menschen aus der Vergangenheit wieder zu finden versuchte, war die Stimme.

60 - « Anna Karenina »

– „Sie vergessen etwas", sagte eine Stimme hinter uns. Es war eine tiefe Stimme, die einen fröhlichen, fast jugendliche Klang hatte, als spottete die Frau gern.

Ich erkannte den Mann wieder, der soeben / kurz vorher neben ihr gesessen war / hatte. Er reichte ihr ihr Taschentuch zu. Sie hatte es zwischen den Sesselreihen auf den Boden fallen lassen, als sie aufgestanden war und ihren Sitz mit einer heftigen Handbewegung heruntergeklappt hatte, um ihre Aufregung / ihren Ärger zu zeigen. Meine Mutter nahm / ergriff das feuchte und zerknitterte Taschentuch. Sie hatte noch gerötete Augen und einen Tropfen unter der Nase.

– „In meinem Alter", sagte sie, als wollte sie sich entschuldigen. „Wie sehe ich denn aus?"

–„Wie jemand, der leicht gerührt ist / der sehr sensibel ist," erwiderte der Mann mit einem Lächeln / lächelnd, / indem er lächelte. „Trockene Herzen gibt es reichlich genug / Es gibt genug herzlose Menschen, es muss welche geben, die Tränen für zwei haben können."

Der Blick meiner Mutter verlor sich in Richtung der Landstraße, wo die Räder der Laster / Lastwagen schmutziges Wasser zur Seite spritzten.

– „Arme Anna Karenina". Sie trocknete sich die Augen. „Ich habe den Roman wohl zehnmal gelesen und ich gewöhne mich immer noch nicht daran". Ihre Geste zeigte, dass ihr der Atem fehlte und dass es ihr schwer ums Herz war / dass sie schwer bedrückt war. Die Tränen waren ihr wie eine schwere Last auf der Brust.

61 - Die deutsche Lebensart

Ich bin seit sechs Tagen in diesem schönen Land... Ich meine die Rheinprovinz, wo die Zivilisation sehr fortgeschritten ist, ausgenommen für die Betten, die immer vier Fuß[1] lang sind und die Bettücher[2] / die Bettbezüge[3] nur drei. Ich lebe hier ganz wie ein Deutscher, das heißt, ich stehe um fünf auf und gehe um neun ins Bett, nachdem ich vier Mahlzeiten zu mir genommen habe. Bis jetzt gefällt mir dieses Leben und es ist mir ziemlich gut bekommen, nichts anderes zu tun zu haben als Mund und Augen zu öffnen. Ich habe eine leidenschaftliche Vorliebe für die schattigen Plätze und vor allen Dingen für die Art, wie man in diesem Land die Küche versteht; hier ist speisen „la grande affaire". Alle anständigen Leute essen um eins, dann trinken sie Tee und essen um vier Kuchen; um sechs gehen sie in den Garten, wo sie ein Brötchen mit Ochsenzunge verzehren, was ihnen erlaubt, bis acht zu warten.

1. Fuß est invariable parce qu'il désigne une mesure
2. das Betttuch (¨ er) : le drap
3. der Bettbezug (¨ e) : la housse de couette

62 - Die Widerstandskämpfer

– „Entscheiden Sie sich, Fräulein Ruth. Kommen Sie oder nicht?"

– „Nein, ich bleibe lieber, ich kann das Haus von Monsieur Pierre nicht verlassen. Machen Sie sich keine Sorge, ich weiß, wie man mit ihnen sprechen soll. Es gibt nur ein einzige wichtige Sache für mich / Nur eine Sache zählt für mich"...

– „Für uns beide wird es leichter sein, sie glauben zu lassen, Sie seien nach Paris gefahren, sagte Bernadette Bouchardeau, die eben eingetreten war."

– „Deine Tante hat Recht, ihre Gegenwart wird Ihre Abwesenheit selbstverständlicher erscheinen lassen."

– „Aber sie riskieren den Tod!"

– „Nicht mehr als wenn Sie hier bleiben würden."

– „Es stimmt, sagte Ruth / Es ist doch wahr, sagte Ruth. Es ist jetzt dunkel, Mathias, bürgst du für sie?"

– „Habe ich Sie je (jemals) angelogen? / Habe ich Ihnen je gelogen?"

– „Was hast du vor?"

– „Sie zu Albert zu führen, damit er sie versteckt."

– „Warum zu Albert?" schrie beinahe Lea.

– „Weil er ein Widerstandskämpfer ist und er wissen wird, was er mit Ihnen anfangen kann."

– „Wie kommst du darauf?"

– „Hör auf, mich für einen Idioten zu halten. Seit langem weiß ich, dass er englische Flieger versteckt, dass er die Plätze / die Orte für Fallschirmsprünge kennt und an der Flucht der Brüder Lefèvre teilgenommen hat."

63 - Paul, Lili und Marcel auf dem Land

Marcel – „Warum bist du heute morgen nicht gekommen?"

Lili – „Ich habe den Hühnerstall sauber gemacht und bin dann hierher gekommen. Und du?"

Diese so kurze Frage brachte mich aus der Fassung und ich tat, als würde ich lachen / und brach in ein falsches Lachen aus, wobei ich sagte :

– „Du, hör mal, mir ist was Komisches passiert!"

– „Ich weiß, Paul hat es mir gesagt."

– „Was hat er dir gesagt?"

– „Dass du dich mit einem Mädchen amüsiert hast. Eine Idiotin / eine dumme Gans / ein blödes Mädchen, die / das Angst vor Spinnen hatte."

Ich protestierte.

– „Sie ist keine dumme Gans. Es stimmt, dass sie Angst vor Spinnen hatte – aber für ein Mädchen ist es ganz normal – auch meine Tante Rosa hat Angst vor ihnen – und meine Mutter auch."

– „Ja, wenn du meinst... Aber dieses Mädchen ist zu sehr eingebildet / gibt zu sehr an."

– „Kennst du sie?"

– „Ich habe sie gesehen."

– „Wo?"

– „Sie ist zweimal zu uns mit ihrer Mutter gekommen, um Eier zu kaufen."

– „Warum hast du mir nichts davon erzählt?"

– „Weil es sich nicht lohnte / weil es nicht der Rede wert war."

– „Du findest / findest du, daß sie nicht schön ist?"

– „Oh! sagte Lili, sie ist wie die anderen Mädchen. Abgesehen davon, dass sie beim Gehen wie der Maurer auf dem Dach aussieht, der Angst hat, Ziegel kaputt zu machen."

– Paul brach in Lachen aus : sein Stück Brot in der einen Hand, sein Riegel Schokolade / seine Schokolade in der anderen, fing er an, langsame Schritte zu machen, mit ausgebreiteten Armen, wobei er vorsichtig einen Fuß vor den anderen setzte.

64 - Kommissar Janviers Unfall / Verletzung Kommissar Janvier wird verletzt

(Maigret hat gerade erfahren, dass Janvier, einer seiner Kommissare, von einer Kugel direkt in die Brust getroffen worden ist)

Maigret musste bis zum Boulevard Voltaire zu Fuß gehen, um ein Taxi zu finden. Die Straße Saint-Jacques war fast menschenleer, nur von den Lichtern einiger Kneipen beleuchtet. Er stürzte sich unter das große Tor von Cochin und ihm schlug der Geruch von allen Krankenhäusern entgegen, die er in seinem Leben gekannt hatte.

Warum lässt man eine so düstere, so trübe Atmosphäre bei Kranken, bei Verletzten herrschen, bei Menschen, die man versucht, wieder dem Leben zurückzugeben, und bei denjenigen, die bald sterben werden?

Schlecht beleuchtete Höfe / Innenhöfe, Treppen, ein langer Korridor und am Ende dieses Korridors drei Gestalten...

Der kleine Lucas machte ein paar Schritte auf ihn zu, mit der schrägen Gangart eines Hundes, der eben geprügelt worden ist.

„Man glaubt, dass er durchkommen wird", sagte er gleich mit leiser Stimme. Er ist schon seit einer Dreiviertelstunde im Operationssaal.

Mit geröteten Augen und schief sitzendem Hut schaute ihn Frau Janvier an, als wollte sie ihn anflehen, als könnte er etwas tun, und sie begann plötzlich in ihrem Taschentuch laut zu schluchzen. Maigret kannte die dritte Person nicht.

„Er ist ein Nachbar", erklärte Lucas. „Frau Janvier konnte die Kinder doch nicht allein lassen; sie hat eine Nachbarin herbeigerufen, deren Mann sich angeboten hat, sie zu begleiten."

65 - Die Seefahrer des 16. Jahrhunderts

Die Portugiesen siedelten sich in Indien und die Spanier in Amerika an / ließen sich... nieder; Engländer, Franzosen und Holländer liefen herbei, um sich die Beute zu teilen. Man landete an allen Ufern : ein Pfahl wurde aufgestellt, eine Fahne gehisst, es wurde Besitz ergriffen von einem Meer, einer Insel, einem Kontinent im Namen eines europäischen Herrschers, ohne dass man sich fragte, ob nicht Völker, Könige oder Menschen die legitimen Herren dieser Orte waren.

Die Europäer griffen von allen Seiten an. Mit den europäischen Kolonien breiteten sich die Kriege auf der ganzen Erdfläche / Erdkugel aus. Ein Kanonenschuss in Spanien, in Frankreich, in Holland oder in England hatte zur Folge, dass ein wilder Volksstamm in Kanada umgebracht oder ein Königreich in Indien umgestürzt wurde. Je nach den verschiedenen Friedensverträgen wurden Chinesen, Inder, Afrikaner oder Amerikaner zu Franzosen, Engländern, Spaniern oder Holländern: einige Teile Afrikas, Asiens und Amerikas bekamen andere Herren, je nach der Farbe der Fahne, die eben / gerade aus Europa gekommen war.

66 - Allein auf / in der Welt

Niemand hätte sagen können, woher Mondo kam. Eines Tages war er zufällig hierher in unsere Stadt gekommen / hier in unserer Stadt angekommen, ohne dass man es bemerkt hatte und man hatte sich an ihn gewöhnt. Er war ein zehnjähriger Junge / ein Junge von etwa zehn Jahren mit rundem ruhigem Gesicht und schönen schwarzen Augen. Aber vor allem fiel sein Haar auf, dessen Farbe je nach dem Licht wechselte und das fast grau erschien, wenn es dunkel / Nacht wurde / bei Einbruch der Nacht grau erschien.

Man wusste weder etwas von seiner Familie noch von seinem Haus : vielleicht hatte er keines. Immer wenn man es nicht erwartete / es nicht erwartet hatte, wenn man nicht an ihn dachte, erschien er an einer Straßenecke, in der Nähe des Strandes oder auf dem Marktplatz. Er ging allein, mit entschlossener Miene, indem er um sich herum schaute / um sich blickte / wobei er um sich blickte / schaute. Wenn er jemand begegnete, der ihm gefiel, fragte er ihn einfach : „Wollen Sie mich adoptieren? Und bevor die Leute ihre Überraschung überwunden hatten, war er schon weg.

67 - Eine trübselige Jugend

Meine Mutter war der Meinung, dass ich zu jung war, um das Gymnasium Henry IV zu besuchen / um aufs Gymnasium Henry IV zu gehen. Dabei meinte sie aber : zu jung, um allein mit der Eisenbahn zu fahren. Ich blieb also zwei Jahre zu Hause und arbeitete allein / erledigte meine Schularbeit allein.

Ich ging einsam an der Marne entlang spazieren. Ich bestieg sogar trotz seines Verbotes den Kahn meines Vaters ; ich ruderte aber nicht, ohne mir dabei selbst einzugestehen, dass es nicht aus Angst vor der Übertretung des väterlichen Verbots war, sondern einfach weil ich Angst hatte. Ich lag im Boot und las.

Der Nachteil dieser abwechselnden Pausen- und Arbeitsstunden bestand darin, dass das ganze Jahr sich in falsche Ferien / Scheinferien verwandelte. So war meine tägliche Arbeit gering ; da ich aber jeden Tag, selbst wenn meine Kameraden Ferien hatten, arbeitete, war diese „so geringe Arbeit" einer Quälerei[1] ähnlich, die eine Katze das ganze Leben zu ertragen hat. Wo sie doch eine Folter, die nur einen Monat dauert, vorziehen würde.

Da aber brach der Krieg aus.

1. L'image du bouchon et de la casserole, sans doute évidente pour un Français, n'est guère compréhensible pour un Allemand.

68 - Anfang eines großen Abenteuers

Einer meiner Onkel, Joseph Kergomard, ein alter Freund der Familie, Geographieprofessor am Lycée Louis le Grand, brachte 1933 den Prozess in Gang, der mein Leben bestimmen sollte.

Es ist an einem Sonntag, beim Mittagessen. Er sagt mir : „ Wenn du so große Lust hast, wegzufahren, warum bittest du nicht Charcot, dich mitzunehmen ? / Warum fragst du nicht Charcot, ob er dich mitnehmen kann ?

Vor meinen Augen sehe ich plötzlich – so wie man von einem Ertrinkenden sagt, daß er sein ganzes Leben in ein paar Sekunden abrollen sieht – Eisberge, beeindruckende Masten, in Pelz gehüllte Menschen, Hunde, Schlitten und vor allem einen alten Mann mit Augen voller Güte, mit einem weißen Bärtchen, mitten unter Gymnasiasten, zu denen ich gern gezählt hätte.

Charcot ? Warum nicht der Papst ? Der mir schon zugänglicher erschien...

Ich schaue meinen Onkel so verblüfft an, dass er laut lacht : „ Aber das ist ganz einfach. Wenn du willst, schreibe ich ihm ein paar Zeilen. Wir haben lange (Zeit) gemeinsam in der Ecole Alsacienne die Schulbank gedrückt / Wir waren lange Zeit Schulkameraden in der Ecole Alsacienne...

69 - Renée fasst einen Entschluss / trifft eine Entscheidung

– „Ich bin entschlossen", sagte sie. „Geben Sie mir das Geld, um Gottes willen / ich bitte Sie darum. Ich werde morgen den Zug nehmen / Morgen werde ich den Zug nehmen / mit dem Zug fahren."

– „Und Ihre Mutter?"

– „Ich habe genug für ihre Kinder gearbeitet. Ich weiß, wo meines ist : nie hätte ich hierher zurückkommen sollen. Ich werde schon mit den Leuten, die es adoptiert haben, zurechtkommen. Ich werde bei ihnen arbeiten, wenn es sein muß. Ich bin zu unglücklich."

– „Ihre Mutter wird Sie daran hindern, wegzugehen."

– „Sie weiß, dass ich fort will. Sie ist aber nicht damit einverstanden : sie braucht eben ein Dienstmädchen. Sie sagt mir immer wieder / sie wiederholt immer, ich werde den Kleinen nicht sehen dürfen, man wird mich vor die Tür setzen. Ich glaube ihr nicht. Geben Sie mir das Geld, Frau Bondiolle, sonst mache ich irgendwelche Dummheit."

Juliette machte die Schublade des Nachttisches auf und reichte ihr ihre Handtasche :

– „Hier", sagte sie, „nehmen Sie, was Sie brauchen."

Renée steckte die Geldscheine in ihre Tasche. Sie stand auf, blickte um sich herum / schaute um sich herum, als würde sie nach etwas suchen, wobei sie nervös und sehr schnell sprach :

„Ich werde Ihnen das Geld zurückgeben, sobald ich zu arbeiten begonnen habe / angefangen habe, zu arbeiten. Ich werde niemandem sagen, dass Sie mir dieses Geld gegeben haben. Ich gehe schnell zu mir in die Wohnung hinauf, tue, als würde ich schlafen, und stehe um drei Uhr wieder auf, um zum Bahnhof zu gehen. Auf Wiedersehen, Frau Bonviolle, danke schön. Ich hoffe, Sie mal wiederzusehen."

70 - Generationskonflikt

Sie hob den Kopf, wobei sie die Stirn ein wenig runzelte. Er lächelte immer noch. Sie zögerte, aber sagte schließlich, indem sie versuchte, ihre Stimme härter klingen zu lassen :

– „Ich möchte nicht, dass du dir einbildest, daß ich mir von dir alles gefallen lassen werde / alles von dir akzeptieren werde. Und du sollst auch nicht glauben, dass ich dich unterstützen werde / auf deiner Seite stehen werde, wenn dein Vater an dir etwas auszusetzen hat / dir etwas vorzuwerfen hat. Ich weiß, er denkt ein wenig altmodisch, darum werde ich mich bemühen, das irgendwie auszugleichen / die Atmosphäre zu entspannen. Aber du wirst auch dein Bestes tun müssen / du musst auch deinen guten Willen zeigen. In Dole hast du dich an die Freiheit gewöhnt, aber hier"...

Julien unterbrach sie :

– „Ach, weißt du, die Freiheit bei Herrn Petiot. Wie du wohl darauf reagiert hättest."

Die Mutter legte den Strumpf und die Buchsholzkugel auf den Tisch, wobei sie den Kopf schüttelte und murmelte :

– „Mein armer Junge, ich verstehe schon / ich vermute, dass es nicht ganz rosig für dich sein musste, aber ich bitte dich nur darum, dich nicht zu sehr mit deinem Vater zu streiten. Schon eben bist du mit Verspätung nach Hause gekommen. Er hat nichts gesagt, aber es nervt ihn / ärgert ihn, ich sehe es genau."

71 - Wie unsere Reise gestört wurde / Eine gestörte Reise

Mitternacht. Am Bahnhof „Gare de Lyon". Mein Vater, mein älterer Bruder und ich schicken uns an, den Orient-Express zu nehmen, um in die Schweiz zu fahren und dort Weihnachten mit meiner Mutter zu verbringen.

Die Nacht ist klar, frostig und schön. Als gute Söhne folgen wir unserem Vater, der den Bahnsteig entlang auf den uralten Schlafwagen zumarschiert, als wäre er der Herr des Ortes...

Alles geht gut / ist in Ordnung / klappt. Wir werden in Abteilen sitzen, die miteinander verbunden sind. Es wird eine königliche Reise sein. Es ist Zeit, abzufahren.

Fünf Uhr morgens. Der Zug hat in Frasne, einem kleinen Bahnhof im Juragebirge, gehalten. Mein Vater, in einem himmelblauen Schlafanzug, tritt überraschend / plötzlich in unser Abteil ein.

– „Wir müssten schon seit mehr als / seit über drei Minuten wieder abgefahren sein."

– „Ach so."

Er zieht unsere Fensterscheibe herunter. Ein Angestellter erscheint, eine Laterne in der Hand.

– „Was ist los?"

– „Eine Panne. Legen Sie sich wieder hin! Schlafen Sie weiter!"

– „Donnerwetter! Aufstehen, Jungs, wir müssen hingehen und gucken."

Mein armer Bruder und ich ziehen uns an, so gut es geht, und folgen unserem Vater den Korridor entlang... Zwanzig Minuten später fahren wir wieder ab, in Richtung einer Schweiz, deren Existenz.../ Richtung die Schweiz, ein Land, dessen Existenz mir fragwürdig zu werden beginnt.

Ich liebte es / ich hatte es gern, mit meinem Vater zu reisen. Selbst auf ein und derselben Strecke war es immer schön und jedesmal anders. Und wie viele Dinge habe ich dabei gelernt!

72 - Eine Zwangslage / Ein Dilemma

Er hörte mir zu, das Kinn in die Hand gestützt, und ich konnte nicht mehr aufhören zu reden. Seit so langem / seit so langer Zeit hatte ich alle diese Dinge für mich allein bewahrt, ohne jede Gelegenheit / je die Gelegenheit zu haben, mich jemandem anzuvertrauen...

– „Der Mann hieß nicht Neal und war kein Amerikaner, wie er es behauptete. Er hieß Paul Alessandri und stammt aus Nizza... Dies habe ich durch einen seiner Jugendfreunde erfahren, der Fotograf auf der „Promenade des Anglais" ist und ein Foto / eine Aufnahme von uns gemacht hatte".

Ich nahm / holte das Foto aus meiner Brieftasche und reichte es ihm. Er nahm es, hielt es vorsichtig / sorgfältig zwischen Daumen und Zeigefinger wie den Flügel eines toten Schmetterlings und legte es auf meinen Schreibtisch, ohne einen Blick darauf zu werfen.

„Dieser Paul Alessandri ist der dritte von links. Er war früher Hoteldiener/Liftjunge im Hotel Ruhl. Er hat im Gefängnis gesessen..."

Mit der Fingerspitze schob er das Foto zu mir. Ihm lag nichts an diesem Dokument. Und Paul Alessandri, obwohl er im Gefängnis gesessen hatte, interessierte ihn keineswegs.

– „Meine Freundin trug ein sehr wertvolles Schmuckstück / trug ein Schmuckstück von sehr großem Wert..."

Alles stand für mich auf der Kippe. Einige weitere Einzelheiten würden genügen, einer ganzen Periode / einem ganzen Abschnitt meines Lebens ein Ende zu setzen, hier in diesem Büro der Polizei. Der Augenblick war gekommen – ich war dessen sicher – wo er die schwarze Hülle der Schreibmaschine abnehmen und die Maschine vor sich auf den Tisch hinstellen würde. Er würde einen Bogen Papier einschieben / einspannen und ihn knarrend zurechtdrehen. Dann würde er zu mir aufschauen und mit sanfter Stimme sagen :

– „Ich höre Ihnen zu".

73 - Gastfreundschaft

Es war am wöchentlichen Ruhetag seines Geschäftes, an dem einzigen Morgen, wo er ausschlafen konnte, anstatt um vier Uhr aufzustehen. In der Küche dachte Raoul Jourdan, der Bäcker, an seinen seltsamen Besucher, während er seinen Kaffee trank und in sein Butterbrot hineinbiss. Warum hatte er gestern am Straßenrand gehalten? Warum hatte er den alten Mann in seinen Wagen aufgenommen? Und warum stellte er jetzt auf den Tisch, seinem Platz gegenüber, so sorgfältig eine zweite Tasse, eine weiße Serviette, eine Kanne heißer Milch und Brot in einem Korb hin?

Vor so vielen unerwarteten Aufmerksamkeiten hatte seine Frau mit den Achseln gezuckt:

– „Was ist mit dir los? Du kennst ihn nicht einmal."

– „Er hat mir gesagt, er heiße Benoît und er sei auf dem Weg nach Rom"...

Als der alte Mann eintrat, stand Raoul auf.

– „Dies alles für mich?" fragte Benoît.

– „Sie haben gestern Abend kaum etwas gegessen. Ich habe mir gedacht, Sie würden hungrig sein."

– „Und Sie haben Recht gehabt", sagte Benoît, wobei er sich auf die Bank setzte / wobei er Platz auf der Bank nahm, nachdem er den Tisch gesegnet hatte.

Etwas später kamen sie mit dem Lieferwagen von Raoul in Sichtweite der Kleinstadt Castellane .

„Setzen Sie mich hier ab", sagte Benoît. „Ich muss zu Fuß gehen. Ich gehe allein."

74 - Elsas erste Begegnung mit ihrem Ghostwriter

Sie ist mit der Teekanne zurückgekommen, sie hat eine Tasse eingegossen, hat sie mir gereicht, hat eine andere für sich gefüllt, wobei sie auf das Gebäck hingewiesen und gesagt hat: „Greifen Sie zu!" Sie hat sich auf ein Kissen hingesetzt. Ich habe gemerkt, daß sie es gewohnt war, auf dem Boden zu sitzen[1]. Mit gezielten Bewegungen zog sie andere Kissen zu sich heran, die sie um sich herum gruppierte, so dass sie es sich bequem machen konnte. Ich habe mich gewundert. Ich hatte eine konventionellere Person erwartet. Auf einmal kam *ich* mir aber konventionell vor, so wie ich im Sessel saß. Sie hat mit dem Gespräch angefangen:

– „Machen sie diesen Beruf schon lange?"

– „Etwa zwölf Jahre...eher fünfzehn."

– „Wie kann man dazu gebracht werden, die Bücher der anderen zu schreiben? Hoffentlich bin ich nicht zu neugierig / aufdringlich / indiskret."

– „Überhaupt nicht / ganz und gar nicht. Am Anfang habe ich es als Broterwerb gemacht / am Anfang habe ich es gemacht, um mein Leben zu verdienen, dann hat es mir Spaß gemacht / dann aus Spaß. So bleibe ich beim Schriftstellern und ich bereichere mich am Wortschatz der einen und der anderen. Dies erlaubt mir, meine eigenen Bücher zu schreiben."

– „Entschuldigen Sie mich / ich muß mich entschuldigen, aber ich habe keines Ihrer Bücher / von Ihren Büchern gelesen. Sie schreiben"...

– „Romane...ja, Kriminalromane... das heißt, eigentlich möchte ich Romane schreiben, die die Kritiker nicht nur als Kriminalromane bezeichnen würden."

– „Und Sie schaffen es nicht? / Es gelingt Ihnen nicht?"

– „Doch, ich schaffe es. / Doch es gelingt mir. Aber sie haben wenig Erfolg. Ich kann davon nicht leben."

---

1. en français : s'asseoir par terre. Mais l'allemand préfère dire ici sitzen = « être ou rester assis par terre », parce que c'est une habitude, d'où l'emploi du verbe de position en allemand, même s'il ne correspond pas littéralement au français.

75 - Ein lästiger Vorfall

Nachdem sie den Wagen in der Reparaturwerkstatt abgestellt hatten, beschlossen sie, in einem Café zu warten. Die langen Häuserreihen auf beiden Seiten der Landstraße sahen nicht wie ein Dorf aus / gaben kein Dorf ab. Es sah eher aus wie ein enfernter Vorort von Chartres, mit niedrigen Häusern und mit hier und da dem armseligen Schaufenster eines ländlichen Krämerladens. Zwei Kinder liefen hintereinander her. In einer Nachbarwerkstatt hörte man, wie jemand in regelmäßigen Abständen auf ein Stück Metall hämmerte. Sie gingen aufs nächste Café zu. Zu dieser Zeit war kein Betrieb. Es war niemand da / es war menschenleer. Eine Katze schlief auf der Theke. Der Wirt erschien nach ein paar Minuten / einen Augenblick später, als würde er es bedauern / mit Widerwillen und mit schweren Schrittten / mit schwerem Schritt. Sie bestellten irgendetwas, um ihre Anwesenheit zu rechtfertigen. Während er sie bediente, hatte sie ihre Puderdose aus der Handtasche geholt und sah gedankenlos nach / und prüfte mechanisch / aus Gewohnheit, ob sie gut geschminkt war [...]

Man hörte die laute Stimme von Georges, die um so lauter klang, als sie das Radio zu übertönen hatte, das vom Wirt vor kurzem eingeschaltet worden war. Letzterer / Dieser antwortete ohne großes Interesse / gleichgültig auf die Fragen, die ihm gestellt wurden. Sein Gesprächspartner interessierte sich für alles. Er wollte nicht nur über die Einwohnerzahl, die Ressourcen des Landes und den Werdegang der Geschäfte informiert werden, sondern er war auch so neugierig, dass er sogar erfahren wollte, wie groß die Kapazität der Kaffeemaschine war und ob es sich um eine Katze oder um einen Kater handelte...

76 - Eine bescheidene Straße

Die „Rue des arpenteurs[1]" ist eine lange gerade Straße, an deren Rand schon alte, zwei- oder dreistöckige Häuser / Häuser mit zwei oder drei Stockwerken stehen, deren Fassaden in schlechtem Zustand sind / verwahrlost sind und den bescheidenen / niedrigen / Lebensstandard der darin wohnenden Mieter erraten lassen : Arbeiter, kleine Angestellte oder einfache Fischer. Dort sehen die Läden völlig glanzlos aus / etwas schäbig und es gibt sogar wenig Cafés / sogar die Cafés sind nicht zahlreich, nicht weil diese Menschen nüchtern / besonders genügsam sind, sondern eher weil sie lieber anderswohin gehen, um zu trinken.

Das „Café des Alliés" liegt ganz am Anfang der Straße, Nummer 10, nur ein paar Häuser vom Stadtring und vom Stadtkern entfernt, so dass in der ganzen Nachbarschaft diese proletarischen Häuser den bürgerlichen etwas ähneln. An der Kreuzung des Stadtrings steht ein hohes stattliches Wohnhaus / ein hohes Wohnhaus, das einen sehr guten Eindruck macht, und gegenüber, an der Nummer 2, steht eine Art von kleinem „Hôtel particulier" / eine Art Villa mit nur einer Etage / einem Stockwerk, von einem schmalen Gartenstreifen umgeben.

1. l'arpenteur : der Vermesser (-)

77 - Im Gasthof / Im Wirtshaus

Dieses eine Mal sind wir in dem Gasthof / Wirtshaus eines großen Dorfes abgestiegen, in den / in das / nur Bauern und alte Leute kommen (der / das nur von Bauern aufgesucht wird), die miteinander reden wollen / um sich zu unterhalten. Es liegt in Norddeutschland. Die Gaststube ist düster / dunkel, aus schwerem von Patina überzogenem Holz gebaut / mit schwerem und patinaüberzogenem Holz getäfelt. Schimmernde Flaschen und Gläser sind zwischen der Theke und dem Saal zu erblicken. Wir bestellen das Abendessen. Der Wirt sagt uns Guten Abend, deckt unseren Tisch, bedient uns mit Getränken und Essen. Er hat Lust, mit uns zu reden.

Als er erfährt, dass ich Franzose bin, sagt er mir schnell und leise / mit leiser hastiger Stimme, dass er nicht wie die anderen ist, dass er Österreicher ist. Man spürt eine Art von hastiger Verzweiflung in seiner Stimme, er spricht ein schwerfälliges und schlechtes Französisch, er sagt mit der gleichen Überstürzung, nicht alle seien Nazis gewesen, viele Leute seien dagegen gewesen, er selber habe den Krieg mitgemacht, und habe Vorgänge / Untaten gesehen, die er aus tiefster Seele abgelehnt habe.

Ich unterbreche seine Rede und erwidere*, dass es mir wurscht sei, dass ich nicht für so was hierher gekommen sei, nicht um eine Art Wallfahrt dieses Stils / dieser Manier zu machen, dass der Krieg vorüber sei, dass ich nicht daran denke.

... und erwidere*, es sei mir wurscht, ich sei nicht für so was hierher gekommen,...., der Krieg sei vorüber, ich denke nicht daran.

78 - Nach einem Gelage

Der König, *spöttisch*

Was ist denn los, Becket?...Es stimmt, dass wir heute Nacht / letzte Nacht / beide soviel getrunken haben! *(Er sieht ihn an, seelig).* Ich freue mich sehr, diesmal ist es mir gelungen, dich zu überraschen, kleiner Sachse.

Thomas, *ein Knie am Boden, plötzlich ernst*

Mein Fürst, es ist ein Zeichen Ihres Vertrauens, ich fürchte, dessen nicht würdig zu sein. Ich bin jung, vielleicht leichtsinnig...

Der König

Auch ich bin jung, und du weißt viel mehr als wir alle! *(zu den anderen)* Er hat studiert, wisst Ihr. Was er alles kennt, ist unglaublich. Er würde Euch alle übertreffen. Selbst den Erzbischof. Und was seine Leichtsinnigkeit angeht, lasst Euch nicht täuschen. Er trinkt ordentlich / kräftig, amüsiert sich gerne, aber dieser Junge ist einer, der immer am Denken ist. Manchmal stört es mich, zu fühlen, wie er neben mir denkt / ihn bei mir denken zu fühlen. Steh wieder auf, Thomas / Erhebe dich, Thomas! Ich habe nie ohne deinen Rat was gemacht, dies war aber geheim, es wird fortan öffentlich sein, das ist alles *(er beginnt, laut zu lachen / er bricht in Lachen aus).*

79 - Zukunftspläne

– „Stellen Sie sich vor, Heinrich", sagte die schöne Wienerin, den Arm des jungen Manns nehmend / und dabei nahm sie den Arm des jungen Manns, „dass ich schon seit über einer Stunde angezogen und zum Ausgehen fertig bin. Für Sie / Ihnen zuliebe, Heinrich, erzähle ich meiner Tante alle diese kleinen Lügen, die ich dann bereue, die ich aber nicht unterlassen kann. Nun, was für einen Einfall haben Sie gehabt, sich dem Theater zu widmen? / Welch komische Idee haben Sie denn gehabt, sich dem Theater zu widmen? Wie konnten Sie nur so lange Theologie in Heidelberg studieren? Meine Eltern mochten Sie so gern leiden und heute wären wir verheiratet. Anstatt uns heimlich zu sehen, würden wir zu Hause beieinander sitzen und uns dabei über die Zukunft unserer Kinder unterhalten / wobei wir uns von der Zukunft unserer Kinder unterhalten würden : wäre das nicht ein glückliches / glückseliges Leben, Heinrich?"

– „Ja, Käthchen, was kann ich dafür? Es ist eine unwiderstehliche Faszination. / Es hat eine unwiderstehliche Macht über mich; das Theater zieht mich an; tagsüber träume ich davon, nachts denke ich daran. Ich habe den dringenden Wunsch, in den Schöpfungen der Dichter zu leben. Es ist mir, als hätte ich zwanzig Leben. Aus jeder von mir gespielten Rolle ergibt sich ein neues Leben / jede Rolle, die ich spiele, verschafft mir ein neues Leben; alle diese von mir ausgedrückten Leidenschaften empfinde ich; ich bin Hamlet, Othello, Charles Moor..."

– „Sehr schön, Sie wissen aber nur zu gut, dass meine Eltern nie einen Schwiegersohn billigen werden, der Schauspieler ist".

80 - Was ist Kunst ?

Ist Ihnen aufgefallen / haben Sie gemerkt, daß es viele Dinge gibt / die die Menschen machen, bewundern und die jedoch ganz nutzlos bleiben?

Wozu dient, – ich frage Sie – die Stickerei[1] auf einem Kleidungsstück? Sie erfordert / benötigt viel Zeit / nimmt viel Zeit in Anspruch und macht die Kleidung weder wärmer noch bequemer. Wozu dienen die auf den Tellern gemalten Blumen? Diejenigen unter Ihnen, die manchmal in die Stadt gegangen sind, kennen den alten Dom, dessen durch die Zeit geschwärzte Steine mit Ornamenten beladen sind. Wozu diese Skulpturen, diese Statuen, die soviel Geld und vielleicht mehrere Jahrhunderte Arbeit gekostet haben? Vier Mauern und ein gutes Dach wären ja genug gewesen!

Richtig, werden Sie mir sagen, dies alles bringt keinen Gewinn / keinen Profit ein, es ist aber auch keine verlorene Mühe! Dies ist, was man Kunst nennt.

Die Kunst gibt uns eine Freude, die nur sie / sie allein uns geben / schenken kann, die Freude, die unser Herz bewegt, wenn wir uns vor einem schönen Gegenstand / vor etwas Schönem befinden.

1. on pourrait aussi employer « die gestickten Muster » (pl.) ; il faudrait accorder les verbes en conséquence

Achevé d'imprimer en août 2001
sur les presses de la Nouvelle Imprimerie Laballery
58500 Clamecy
Dépôt légal : août 2001
Numéro d'impression : 108027
8060002/01

Imprimé en France